建築の東京

五十嵐太郎

みすず書房

目次

建築の東京

第1章　アート的な想像力による東京革命

東京オリンピックが刺激する再開発

二〇二〇年に夏季オリンピックが開催されることを受けて、競技場の建設ラッシュを迎えると同時に東京の各地で再開発があいついでいる。赤坂プリンスホテル（新館、丹下健三、一九八二年、解体二〇一三年）跡地の東京ガーデンテラス紀尾井町（日建設計、二〇一六年）、赤坂インターシティAIR（日本設計、二〇一七年）、虎ノ門ヒルズ（森タワー、日本設計、二〇一四年、ビジネスタワー、森ビル、二〇二〇年）のほか、二〇一八年春にも三信ビル（横河工務所、一九二九年、解体二〇〇七年）の跡地に巨大な複合施設、東京ミッドタウン日比谷（マスターデザイン・ホプキンスアーキテクツ）がオープンした。また外国からの観光客がふえ、不足気味のホテルが急ピッチで建設されている。お隣の横浜に登場する高層の新市庁舎（槇文彦、竹中工務店）も、五輪後に着工すればよいものを、市長の強い意向によりこれに間に合わせて完成させた。またオリンピックまでにロープウェーも横浜で開業させる予定だった。それゆえ逆にオリンピックの後、建設業界では一挙に需要が冷えこむことを懸念している。

正直、二〇一一年に発生した東日本大震災の復興が完全に終わっていない段階でオリンピック開催というのは複雑な気持ちだ。ほかにも日本各地で地震、台風、水害などが起きている。ゆえに口当たりのいい響きで「復興オリンピック」と銘打ちながら、実態としては東京圏で大量の建設プロジェクトを増やし、資材や職人の奪いあいによって国内の建設費を高騰させ、むしろ復興のための建設費を膨らましており、足をひっぱっている状況を引きおこしていた。オリンピックを誘致するにしても東北の復興が終わるまで待つことはできなかったのか。それでこそほんとうに復興オリンピックと呼べるものになるだろう。二〇二〇年現在、東日本大震災によって全国に散らばる避難者はまだ四万七千七百三十七人、岩手、宮城、福島三県の応急仮設住宅には七百九人が暮らしている。

だが、一九六四年の東京オリンピックのときに比べると、今回の都市の変化はそれほど劇的なものではなく、いわばマイナーチェンジというべきものだ。焼け野原から戦後の復興でがむしゃらに走りつづけ、羽田空港と都心を短時間でつなぐために建設された最初の首都高速をはじめとした都市インフラが次々と整備され、景観は劇的に変化した。いや、不可逆的に変貌したといえるだろう。当時いたるところで東京が日々変わっていく工事現場を眺めながら、建築家たちは未来的な都市のヴィジョンを構想した。菊竹清訓《きよのり》の海上都市（一九五九—六三年）や磯崎新の空中都市（一九六〇—六三年）など三十代の若手建築家が大風呂敷をひろげた提案によって注目を集めていた。研究室のメンバーを総動員し、東京湾にのびていく東京計画１９６０（一九六一年）を発表した丹下健三もまだ四十代だった。もし現在、建築家が同じように大胆な構想を発表したら、間違いなくネットで炎上し、袋だたきにされるだろう。

もっとも、当時の日本はまったく状況が違っていた。いまは人口減少が大きな課題になっているが、高度経済成長期は人口が急増し、都市に流入する人が住む場所がもうないのでは、といったことが懸念されていた。それゆえ、建築家が海上や空中に人工の地盤を提案している。また目の前でリアルに東京が変化しており、その延長線でこうしたユートピアが想像されていた。いまのわれわれが思うほど荒唐無稽ではなかったのかもしれない。たとえば東京計画１９６０は、ＮＨＫが一時間の番組（一九六一年一月一日放映）を組んで紹介しており、各方面で反響を呼び、その波及効果もあって一九六四年、東京大学に日本初の都市工学科が新設され、丹下が教授に就任している。

しかし、現在の東京はさまざまな施設やインフラが十分に揃っており、都市がすでに成熟している。今回のオリンピックを控えてスタジアムと選手村を結ぶ交通動線、環状二号線の整備、地下鉄の延伸などがあげられるが、既定路線の完遂であり、これまでになかった新しい未来像の出現ではない。すなわちゼロが一になるという決定的な変化ではなく、すでにあるものに少し付加するような変化である。

むろん新国立競技場は、そうした状況においてこれまでの東京にない未来的な風景を出現させる数少ない可能性だった。しかしザハ・ハディドのコンペ勝利案は二千五百億円以上という膨大な建

図1　国立代々木屋内総合競技場（丹下健三、1964年）

設コスト、神宮外苑の景観問題などによって大きな批判にさらされ、二〇一五年七月に白紙撤回が決定された。しかし一九六四年の東京オリンピックでは丹下健三がモニュメンタルな国立代々木屋内総合競技場（図1）を設計し、日本の伝統的な造形を融合したモダニズム建築として高く評価されている。じつは当時も予算が足りず、丹下が直接、田中角栄大蔵大臣にかけあって建設費を増額してもらい、実現している。現在、建築家が同じことをすればスキャンダルになるだろう。ともあれ、安倍首相が「英断」したことによってハディドの案は幻に終わった。もっとも、国民の反対の声を押しきって安保法案の強行採決の直後に白紙撤回が決定されたことを考えると、両者が無関係と考えるほうが不自然だろう。すなわち、支持率を少しでも回復するために強硬な政治路線と引き換えにハディドの案が目くらましとして犠牲にされたように思われる。実際、決定の直後、メディアは多くの時間を新国立競技場「問題」に割いていた。

筆者がもうひとつ気になっているのは、ザハ・ハディドの強烈なアイコン建築に話題が集中し、目を奪われていた一方で、ほかの施設はほとんどゼネコンや大手の設計組織が担当することになり、アトリエ系の建築家による注目すべきデザインがないことだ。一九六四年の東京オリンピックのときは丹下健三による目玉のプロジェクトのほかにも、いまやライブのメッカとして親しまれている山田守による日本武道館、駒沢オリンピック公園では芦原義信や村田政真《まさちか》の競技施設、代々木の選手村では清家清によるメインゲート、若手だった菊竹清訓のレストランなどが建設されている。

これは一九七〇年の大阪万博と二〇〇五年の愛知万博の関係とも似ていよう。よく知られているように大阪万博は丹下健三の全体会場計画とお祭り広場の大屋根をはじめとして前川國男、大谷幸夫、村田豊、黒川紀章、菊竹らによる実験的なパヴィリオンが数多く登場した。とくにメタボリズムの建築家が活躍している。しかし、愛知万博では隈研吾、團紀彦、竹山聖らによる海上《かいしょ》の森を使う当初の画期的な提案がひっくり返され、結局建築家の出番がほとんどなくなってしまう。アートの面においても大阪万博は前衛的な美術家や音楽家が参加し、岡本太郎による太陽の塔はいまも残っているが、愛知万博ではヤノベケンジによる文明批判を意図したロボット・マンモス案が拒絶されたように、尖ったアーティストが不在のまま、広告代理店の仕切りによってミュージシャンの藤井フミヤによる大地の塔が制作された。すなわち日本では、オリンピックと万博を反復しているものの、建築やアートの領域においては限りなく保守化している。

変容した建築家の状況

もっとも建築の側でも、磯崎新が一九七〇年代に入り都市から撤退したと語ったように、メガストラクチャー的なプロジェクトは一気に影をひそめる。丹下も国内の仕事が激減し、大阪万博後のオイルショックを受けて、むしろ中近東などで都市スケールの設計に携わった。一九六〇年代に百尺（＝三一メートル）法の高さ制限が解除され、日本初の超高層となる霞が関ビル（三井不動産、山下設計、一九六八年）が登場すると、新宿西口の副都心では一気に高層ビルが建設されたが、ゼネコンや大手設計組織の主戦場となり、建築家は蚊帳の外に置かれた。ニュータウンの開発や住宅産業とも関わりがなくなっていく。そう、大きなヴィジョンには口を出さなくなったのである。

その代わりに一九七〇年代の若手建築家は都市住宅に活路を見いだし、伊東豊雄の中野本町の家（一九七六年）のようにラディカルなプロジェクトを世に問いかけた。一九四〇年代に生まれた野武士の世代と呼ばれた建築家である。その後、景気が回復し、バブル期に向かうと、ラファエル・ヴィニオリによる有楽町の東京国際フォーラム（一九九六年）や六角鬼丈《ろっかくきじょう》による東京武道館（一九八九年）のように経験を積んでステップアップした野武士や外タレの建築家が大規模の公共施設を手がけたり、北川原温の渋谷のライズ（一九八六年）、隈研吾のＭ２（一九九一年、現・東京メモリードホール）、フィリップ・スタルクの浅草のスーパードライホール（一九八九年）など前衛的なポストモダンのデザインをまとう商業建築が登場した。

だがバブルの崩壊後、プロジェクトの数が減ったり、コンペ参入のハードルが高くなることで建築家はそうしたチャンスを失い、若手は完全に梯子を外された状態になった。ユニット派とも呼ばれた一九六〇年代生まれのアトリエ・ワンやみかんぐみらの世代である。彼らは建築以外の仕事として、アートプロジェクトにも積極的に関わるようになったことが特筆されるだろう。二十一世紀に入ると、さらに新しい世代はひたすら住宅を設計するか、それまでの建築家にとってはシークレットワークだったインテリアデザインやリノベーションも勝負作とせざるをえない戦略を立てる。

かくしてオリンピックや万博、あるいは再開発など大型のプロジェクトから建築家が外れた状況を迎える。まれに起用されるとしても計画や構造のレベルではなく、せいぜい外装やファサードといった表面的な意匠に限られるケースがほとんどだろう。もっとも、青木淳によるルイ・ヴィトンのシリーズが成功したように、ディオール、エルメス、カルティエ、プラダ、ミュウミュウ、ランバン、トッズ、資生堂、ミキモトなど銀座や表参道のファッションブランドが次々に建築家にデザインを依頼し、彼らの作品がかつての万博のパヴィリオンのようにストリートに並ぶようになったことは注目すべき事態といえる。ただし奇抜なオブジェ的な形状ではなく、ほとんどの建築は直方体のヴォリュームでありながら、ファサードの操作を工夫したものだ。その結果、藤本壮介や石上純也のように一九七〇年代生まれの優秀な建築家は、グローバリズムの潮流に乗って、国内の仕事よりもダイレクトに海外のプロジェクトを展開している。彼らに限らず伊東やＳＡＮＡＡ《サナア》など世界的に活躍している日本の建築家は東京に事務所を構えているが、近年その代表作はほとんど海外において実現しており、まったくもって宝の持ち腐れというか、もったいないと言うしかないのが実情である。

図２　三鷹天命反転住宅（荒川修作、M・ギンズ、2005 年）

アーティストの過激な発想

こうした厳しい環境ではあるが、建築家の側にも責任がないわけではない。本気のプロジェクトがめずらしくなったり、そもそも都市に対する提案がなくなっているからだ。アーティストの荒川修作＋マドリン・ギンズが東京の湾岸に「宿命反転都市／センソリアム・シティ」を構想し、一九九八年にNTTインターコミュニケーション・センターの個展で発表したとき、磯崎新との対談において筆者は以下のような場面に遭遇した。俺は本気でこれを実現したいから都知事を紹介しろと荒川が迫り、磯崎が困ったなあという顔をしていたのである。当時『東京計画２００１』（鹿島出版会、二〇〇一年）という本にまとめられることになる宇野求と岡河貢による連載が「新建築」で進行中だったが、個別の提案はおもしろくても、やはり丹下の時代のようなほんとうに都市が変わるかもしれないという迫真性には欠けていた。一方、ポーズだったのかもしれないが、荒川のインパクトは大きかった。すでに彼は岐阜で怪我をするのはあたりまえのアンチ・テーマパークというべき養老天命反転地（一九九五年）を壮大なスケールで実現していたし、後に私財を投げ打って三鷹市に驚愕すべき造形のマンション、三鷹天命反転住宅（二〇〇五年）を完成させている（図2）。

新しいランドマークとして建設された東京スカイツリー（日建設計）が二〇一二年に誕生したときにも、建築家の声がほとんどあがらなかったことが印象に残っている。もちろんこのプロジェクトは、素人向けのアイデア募集はあったものの、設計者を選ぶコンペは開催されていない。ゆえに建築家たちがコンペに参加して提案する機会はなかった。しかし完成する予定のデザインに対し、いいとも悪いとも反応がない。気にくわないものであれば、頼まれなくても対抗案を発表したってよいのではないか。結局、東京スカイツリーは可もなく不可もなく誕生してしまった。が、パリのエッフェル塔、ポンピドゥーセンター、ルーヴル美術館のガラスのピラミッドのように当初は強い拒否反応もおこしながら、やがて認められていくような建築こそが長期的に持続する真に強力なランドマークになるのではないか。おそらく東京都では当初メディアに叩かれた新都庁舎（丹下健三、一九九〇年）がそうした事例といえるかもしれない。

ともあれ、東京スカイツリーの完成前に筆者が彫刻家の中村哲也と話していたとき、新東京タワー（当時はこう呼ばれていた）はこんなのがいいんじゃないかというスケッチを見せてくれたことがある。彼の作品はいかにも速そうな造形なのだが、その塔もスピード感のあるデザインだった。実現の見込みがまったくなかったとしても専門外のアーティストが東京の新しい景観のことを考えているのに、建築界が沈黙しているのはどういうことなのかとあらためて考えさせられた。なるほど、当時はバブル崩壊後のリアリズム、ならびに一九八〇年代を席巻したポストモダンに対する反動として若手建築家による日常性のデザインが注目されていた。しかし、これは裏を返せば半径三〇メートルの圏外に出ると、どうせできやしないというあきらめが刷りこまれているのかもしれない。とはいえ、やはり空間の専門である建築家が小さなスケールの操作だけにとどまり、都市への提言をしなくなることはその能力を十分に発揮しないことを意味するのではないか。

図3　「惑星ソラリス」（アンドレイ・タルコフスキー、1972年）、未来都市のハイウェイに見立てられた首都高ネットワーク

首都高と日本橋をめぐる第三の道

日本橋（妻木頼黄《よりなか》、一九一一年）の上を覆う首都高は、一九六四年のオリンピックを契機として都市改造のなかで登場した。東京に出現した首都高のネットワークは、タルコフスキーのSF映画「惑星ソラリス」（一九七二年）のシーンで使われたように未来的な風景として受容された（図3）。しかしその後は景観破壊の象徴としてバッシングの対象となり、二十一世紀に入り首都高の地下化が唱えられていた。こうした状況に対して、拙著『美しい都市・醜い都市』（中公新書ラクレ、二〇〇六年）において筆者は洋風デザインである日本橋の上の首都高を撤去しても江戸時代の風景がよみがえるわけではないこと（またおそらく川沿いの再開発による高層化も進行する）、首都高にも古代ローマの水道

橋のような機能美があること、そして美観という曖昧な名目のもとにハコモノ建築をはるかに凌駕するコストがかかることを述べて厳しく批判した。いったんは立ち消えになったと思われた構想だが、首都高の地下化プロジェクトはふたたび浮上した。

筆者の本に続き、大山顕の写真集『ジャンクション』（メディアファクトリー、二〇〇七年）や『工場萌え』（写真・石井哲、東京書籍、二〇〇七年）などが刊行され、景観をめぐって次世代の新しい感性が注目されたが、首都高と日本橋に関してもアーティストの発想に感心させられた。山口晃の絵画「百貨店圖　日本橋　新三越本店」（二〇〇四年）は、もともと百貨店の宣伝用に描かれた作品だが、その細部に驚くべきシーンが組みこまれていたのである。すなわち日本橋をまたぐ首都高速の上に、さらに巨大な太鼓橋がかかっているのだ（図4）。なんとも痛快な風景ではないか。さんざん議論されたにもかかわらず、これはどんな建築家も政治家も思いつかなかったイメージである。首都高を撤去するか、保存するか。こうした二項対立の状況に対し、予想をはるかにこえる第三の道を提示している。

図4　山口晃「百貨店圖　日本橋　新三越本店」（2004年、部分）

明治時代に建設された石造の橋の上にコンクリートの橋である昭和時代の首都高が走り、さらにその上に江戸時代を彷彿とさせる木造の太鼓橋が横断する。いうまでもなく現在の日本橋は江戸時代の姿ではない。かつては木造の太鼓橋だった。もし橋の上に橋を架けることが東京らしさだとすれば、三段重ねの橋はまさに超東京的な風景になるだろう。ヨーロッパのコピーである日本橋に外国人は集まらないが、これならば海外からの観光客が必ずや訪れる世界でここにしかないユニークな場所になるだろう。美化された「過去」に戻りさえすればすばらしくなるという勘違いのノスタルジーでもなく、ただの現状肯定でもない。さり気なく示された、常識をぶっ飛ばすような提案である。

現在、東京都知事の小池百合子が無電柱化を進めているように日本の保守的な景観論において電柱は悪者である。筆者はこうした考えに同意しないが、山口も「自由研究（柱華道）」（二〇〇八年）において、華道と結びつけながら電柱の存在を再評価している。赤い鳥居が載った和風の電信柱は近代のテクノロジーと伝統文化の融合であり、どんな建築家もデザイナーも提案したことがない。

スクラップ&ビルド

オリンピックを控えた東京に対する批評的な展覧会が二〇一六年の十月、新宿歌舞伎町の雑居ビルを会場にして開催された。二〇〇五年に結成され、ストレートに社会へ切りこむ作品によって、ときには炎上するようなお騒がせアートでも知られるChim↑Pomの「また明日も観てくれるかな？」展である（このタイトルは、新宿アルタから放映されたタモリの「笑っていいとも！」の最終回でもいつもと同じ締め括りの言葉が使われたことにちなむ）。新宿コマ劇場の跡地に誕生した新宿東宝ビル

（竹中工務店、二〇一五年）のすぐ近くにある解体予定のビルをまるごと活用したものだ。展覧会の記録集『都市は人なり』（LIXIL出版、二〇一七年）によれば、会場となった歌舞伎町商店街振興組合ビルが完成したのは一九六四年のオリンピック開催の五ヵ月前であり、今回の建て替えも次のオリンピックをめどにしているという。ここでもオリンピックがスクラップ&ビルドの引き金になっているが、そうした状況があるからこそ、ここで展覧会は企画された。なお本のタイトル「都市は人なり」は、そこに集う市民の行動が都市の姿や風格であるという、戦後に新宿の復興計画を担当した都市計画課長、石川栄耀《ひでああき》の言葉からとられている。

展覧会のステートメントには、こう記されている。

「東京の街の変化が激しくなっている。歌舞伎町は街ごと作り替えが始まり、渋谷パルコも建て替え。駅舎としては東京で最も古い建造物として愛されてきた原宿駅も、建て替えが決定。新宿駅や渋谷駅前は常に工事中で、二〇一一年の震災以降の耐震対策なども相俟って、東京都は街の大改造プランを発表し、推進している。「二〇二〇年の東京オリンピックまでに建て替える」という常套句が、アスリートへの応援とは別に大義名分として謳われている。（…）復興とは？　街とは？　そもそも二十一世紀における未来とは、このように二十世紀に描いたビジョンを繰り返すことで創られるものだったのか？　多くの災害に見舞われながら、スクラップ&ビルドを繰り返してきた日本の歴史。街並みの変化とともに生きてきた近代の日本人。展覧会そのものが体験するスクラップ&ビルドから、日本人の「青写真の描き方」を問い直す」

図5　Chim↑Pom「また明日も観てくれるかな？」展（2016年）、ジオラマ「SUPER RAT」（撮影・森田兼次）

世界的にみても東京は驚くべき速度でスクラップ&ビルドがおこなわれてきた。たとえ震災や戦災がなかろうとも、三十年もすればほとんどの建物がいつの間にか入れ替わってしまう。十年ほど前、ヨーロッパから東京に戻ったとき、ふと気づくとまわりに見えるビルが自分の年齢よりも若いことに啞然とした（当時、筆者は四十歳くらいだった）。ヨーロッパでは考えられないことだが、東京ではたえず街並みが更新されている。そうした状況を筆者は「見えない震災」（同題書籍、みすず書房、二〇〇六年）と呼んだが、オリンピックは災害がなくともスクラップ&ビルドの高速化に加担している。以前、建築史家の鈴木博之も、東京大学での最終講義において東京駅周辺のビルがほぼ更新されていることを示す二枚の空撮写真を映しだして、世界でもこんな都市はほかにないと指摘していた。

会場のビルに入ると、Chim↑Pomのアイコンとなった黄色いスーパーラットが新宿の都市模型を徘徊する作品「SUPER RAT」（図5）は破壊神ゴジラを彷彿させるだろう。ピカチュウのようなかわいいネズミではない。凶暴化した巨大なネズミである。いまやゴジラが飼いならされ、隣の新宿東宝ビルでは屋上にランドマークとなるキャラクター（ゴジラヘッド）として設置されているが、その代わりにジオラマではスーパーラットたちが都市を壊している。ほかにもホストに女性の似顔絵制作を依頼した「Reflecting on the beauty of a rainbow（虹を見て思ひ思ひに美しき）」や、歌舞伎町の風俗店で働く女性、みらいちゃんのシルエットを青焼きで感光した「Drawing Mirai（みらいを描く）」など各フロアに設置された個別の作品も興味深いが、とりわけ建築に関連するプロジェクトが刺激的だった。

図6　同「また明日も観てくれるかな？」展会場4階、切断されたスラブから下階を覗く

エレベータで四階に登って会場に入り、いきなり度胆を抜くのが床に四角い穴をあけ、狭いビルの内部に開放的な吹き抜けが出現していることだ。足元では切り裂かれたスラブの断面と下のフロアが見える（図6）。だが、手摺はない。スリリングな、いや落下のおそれがある危険な空間だ。実際、この展覧会の実現には相当に高いハードルがあり、なんとかそれをクリアしてオープニングにこぎつけた。来場者はそうしたリスクがあることを知ったうえで入場することになり、まず同意書にサインしなければいけない。これは「建築」の枠組みでは表現できない内容だ。Chim↑Pomは二階、三階、四階のスラブを切断し、そのまま各フロアに存在していた什器ごとまるごと下に落としている。その結果、一階にはこれ

らが積層され、スクラップしたビルの巨大なジャンク・ビルバーガーができあがる。かつてゴードン・マッタ＝クラークも家屋をまっぷたつに切断したり、パリのポンピドゥーセンターの建設に伴い、解体される建物に穴をあけるプロジェクトを遂行していたが、Chim↑Pomが照準をあてるのは現代日本における激しいスクラップ＆ビルドの状況だ。そしてビルバーガーの足元には、賽の河原のように破片を積んだ小さな塔が並ぶ。これらの作品群はビルの解体とともにすべてスクラップとなる。だが、彼らは残骸を集めてリビルドするという。何事もなかったように再開発された新しいビルが誕生し、前に存在していたビルがすぐに忘却されていく東京において、瓦礫による「終わらない建築」を提示すること。この過激さはアートだからこそなしうる荒技である。

アーティストと建築家のあいだ

この展覧会が前半戦だとすると、二〇一七年の夏に高円寺のキタコレビルで開催した「道が拓ける」展が後半戦にあたり、Chim↑Pomと建築家の周防貴之が共同でとりくんだプロジェクトである。キタコレビルはおよそ築七十年、かつて二棟だったものをつないでつくられたが、霊能者、風俗、バー、ファッションなどそれぞれの入居者がＤＩＹによる増改築を繰り返したバラックのような建築だ。彼らが試みたのは二棟をつなぐ以前、かつて道が存在したと思われる場所にふたたび道をつくり、「Chim↑Pom通り」と命名し、二十四時間、一般に無料で開放することである。すなわちプライベートな領域を切開し、公共空間を創出すること。いずれの展覧会も破壊による空間の創造だが、新宿では垂直方向にビルをうがち、今度は水平方向に貫通させている。ほかにも歌舞伎町で展示した作品が変形しながらもちこまれた。筆者が『過防備都市』(中央新書ラクレ、二〇〇四年)で論じたように、セキュリティが過剰になり、都市が囲いこまれた閉じた空間になる傾向に対し、彼らは私有地を積極的に開放する選択肢を提示したのである。むろん建築家が設計する場合、なるべく見栄えが悪い塀はつくらず、しばしば住宅を開くことを重要なコンセプトとして掲げている。だが内から外に開くベクトルが強く、外部の見知らぬ他人が内部のプライベートな空間に侵入することまでは歓迎しない。

また建築家によるリノベーションは、さすがにここまで大胆にはならない。改造するにしても、やはり役に立つ機能が求められるからだ。なるほどポストモダンの建築家ベルナール・チュミは、形態と機能の断絶を主張するディス・プログラム論の文脈においてSOHOをスタジアムに変えてしまえ、あるいは教会をボウリング場に、といった奇天烈なリノベーションを提唱している。が、それはたとえミスマッチであろうとも、なんらかの新しい役割=プログラムを想定していた。一方、アーティストは必ずしもそれを前提としない。Chim↑Pom の場合、歌舞伎町のビルでは落下すれば大怪我しかねない垂直に貫通する穴が出現し、高円寺のキタコレビルではただの道がつくられた(実際に人が居住する場ではなく、展覧会という形式だから可能ともいえるが)。

二〇一八年の春、墨田区で開催された大崎晴地による「障害の家」プロジェクトも、アーティストならではの解体予定の二階建ての住宅に対する過激なリノベーションだった。関東大震災後につ

図7　大崎晴地「《障害の家》プロジェクト」（2018年）、第2会場の1・5階レベル

くられた老朽化した長屋が並ぶ街区においてふたつの会場をもうけ、外観は手を加えず、内部をバリアフリーの真逆というべき空間に改造したものである。ひとつは複数の斜めの床を挿入し、よじ登る体験をもたらす。もうひとつは二軒長屋を仕切る中央の壁を抜き、対称の空間を生みだしつつ、一階の天井（と二階の床）を外し、代わりにそれよりも低い天井と、以前の二階よりも高い床をつくり、二層の空間を三層に変容させた（図7）。その結果、一階は這いつくばって動くしかない。同じく東京の解体予定の建物を活用しているが、大崎は身体性を刺激する作品であるのに対し、Chim↑Pomは東京の都市環境そのものに問いかける。

ところで東北大学の近江隆と芳賀沼整の率いるはりゅうウッドスタジオが設計した仙台の都市計画の家2（二〇〇三年）は、「道が拓ける」展と近いコンセプトをもっている。密集した新興の住宅地において、あえてプライベートな敷地内に誰もが通り抜け可能な道路をつくり、本来は敷地の両端で途切れていたふたつの区画道路をつないだからだ。近江はこう述べている。「利用可能敷地面積の減少に帰着することになっても、この住宅にとって外的である公共空間としての道路を私的空間内に実現することによって生ずる相互作用のほうが、都市空間をつくり出す根源として意義がある」（「住宅特集」二〇〇四年一月号）と。それゆえ「都市計画の家」と命名された。ただし、これは場所の歴史を抱えたリノベーションではなく、新築である。もっともこの家は究極の環境をもち、外壁は木組みにワーロン紙貼りだけで断熱性能がない。室内は外気と変わらない気温であり、寒いときは部屋のなかでテントをつくり過ごすという。おそらくダンボールハウスよりも居住性能は低い。さらに付言するならば三角形の居室に対し厨房、トイレ、風呂などがある水まわりの直方体の空間が別棟となっており、安藤忠雄による住吉の長屋（一九七六年）のように夜中でもトイレにいくためには一度外出し、中庭を通らなければならない。

さて建築家とアーティストをめぐって、周防とChim↑Pomの卯城《うしろ》竜太は座談会において以下のように会話している（「道を育てる――公共に開放された私的空間」、『都市は人なり』所収）。

周防　もしかしたら、僕も含め、いまの多くの建築家は、それほど東京への関心を持っていない、というか、太刀打ちできないと思っているのではないかというのが、僕の実感なんですね。そもそもいまの東京には、（丹下健三の）東京計画のような大規模な計画に対してのリアリティがないし、「東京はそれほど建築家に期待していないだろう」という諦めの雰囲気が、ぼんやり共有されていると思います。

卯城　へぇ、そうなんだ。そのころの建築家による都市論は面白そうですけどね。東京からの期待ということで言うと、むしろ最近はアーティストだからこそ語れる都市論がありそうですよね。

周防　だから、東京について建築家が何かを積極的に提案する動きはあまりないし、地方に建築家という職能の可能性を見る動きが強いですね。だけど、東京への思考を止めたままでいいのか、というのは疑問で。東京計画は、成長期に爆発したキャパに合わせていかにモデルを書き換えるかといった機能的な提案だったから、そこにある人々の生活までは目が向けられていなかった。逆にいまは、そんな大規模な計画は国の状況に合っていないと思うし、だけど、だからこそ、人の暮らしから生まれる都市の姿を考えられるときだと思うんですよ。

会田誠の東京「無」計画

以上は基本的に単発のプロジェクトだが、東京への提言を散りばめたアーティストの大型の個展として表参道の青山クリスタルビルの地下一階と二階を使い切って二〇一八年二月に開催された会田誠「GROUND NO PLAN」は、わずか数日の期間にもかかわらず大きな話題を呼んだ。美術界のみならず建築の関係者も数多く会場に足を運んだのは、都市的な計画への渇望があるからなのかもしれない。これが興味深いのは、大林財団による新しい助成プログラム「都市のヴィジョン」の第一弾だったこと。すなわちゼネコンの大林組が背景にある財団の事業である。従来ならばこうしたプロジェクトは建築家に依頼したはずだが、「都市のヴィジョン」はアーティストに限定している。

ホームページによれば、大林財団の設立の趣旨は二十一世紀の都市づくりを考えるうえで「学術の総合的かつ学際的な研究を早急に進めることが望ましく、民間からの重点的な研究支援が是非とも必要である」からと記されている。いわゆる研究助成のほかに新しく始まったのが「制作助成事業」としての「都市のヴィジョン」だった。説明は以下のとおり。「二年に一度、豊かで自由な発想を持ち、さらに都市のあり方に強い興味を持つ国内外のアーティストを五人の推薦選考委員の推薦に基づいて決定し、従来の都市計画とは異なる視点から都市におけるさまざまな問題を研究・考察し、住んでみたい都市、新しい、あるいは、理想の都市のあり方を提案・提言していただく」。そして「アーティストが都市をテーマに研究・考察する活動を支援する助成制度は他に類を見ず、その意味でユニークな試み」だと自認している。

十五年以上も前だが、たまたまミヅマアートギャラリーで会田の新宿御苑計画に遭遇していたので、「GROUND NO PLAN」は訪れる前から期待値の高い展覧会だった。建築家ではないから、きちんとした図面と模型ではない。実際、本人みずから「ボイス以降の現代美術には、よかれ悪しかれ「素人の自由な提言の場＝オルタナティブ」という性質があると僕は認識しているが、僕だってたまにはそれを利用したっていい」と述べている（会田誠『MONUMENT FOR NOTHING』グラフィック社、二〇〇七年）。ちなみに、荒川による名古屋駅周辺のプロジェクト「みどりの街　長寿のテーマパーク」（二〇〇二年）からも会田は影響を受けているらしい。さてこの作品は新宿御苑の改造について さまざまなアイデアを黒板に描き、記したもので、どうだ！　カッコいいだろうと理想を押しつける計画ではなく、日本のダメさを引き受けつつ、ちょっと笑わせるようなバカバカしい、でもユニークで新しい自然公園をつくる提案が散りばめられていた。たとえばまわりを高い壁で囲み、外側には商業施設を入れ、その内側に山、谷、川、滝をつくり、平地をなくし、さらには猿がやってくる露天風呂を加える。会田は九ヵ月間のニューヨーク滞在時、よくセントラルパークで過ごし、東京にはいい公園がないことに気づいたことが制作の動機だった。現状の新宿御苑は中途半端でイケていない。だが、海外のものをそのまま日本にもってきてもうまくいかないと考えていたことから、「東京オリジナル」の公園を構想したという。

「GROUND NO PLAN」でも「新宿御苑大改造計画」は目玉になっており、黒板の前には巨大な模型も展示された（図8）。展覧会のステートメントではこう書かれている。「なんなんだこの閉塞感は……新しいものを作るったってタカが知れてる……カンフル剤にもなりゃしない……もはや打つ手なし……しかし、しかーし！　やっぱりバカなことを考えたい。テキトーなことをフカしていたい。悩んだってしょうがない、なんとかなるさと笑ってすごしたい。しかし……やっぱり暗たんたる未来予想しか思い浮かばない……。——といった具合に、楽観と悲観、希望と絶望が頭の中を駆け巡るようになりま

図8　会田誠「GROUND NO PLAN」展（2018年）、「新宿御苑大改造計画」

した。なのでその混沌とした頭の中をそのまま見せることにしました」

そもそもタイトルが、彼らしい「GROUND NO PLAN」である。グラウンドプラン（基本計画）ならぬ、グラウンドノープラン。なるほど整然とした都市計画ではない。断片的なアイデアの寄せ集めである。とはいえ、ヨーゼフ・ボイスなど美術史へのオマージュを散りばめながら、いずれも東京／日本に対する破天荒な空間的な提言であり、どうしようもない現状を痛快に笑い飛ばすような批評的なインパクトは一貫している。

図9　同「GROUND NO PLAN」展、官庁街上空の人工地盤「ネオ出島」

東京改造法案大綱

いくつかの作品を紹介しよう。官庁街の上空に人工地盤をもうけてつくられる「NEO出島」（完全な国際社会を実現のジオラマ（図9）、ザハ・ハディドのパロディのような、もうひとつの新国立競技場案、アクアラインに設置された抽象的なパブリックアート「風の塔」のオルタナティブとして提案される具象的な彫刻「考えない人」もしくは「ちくわ女」、アイコン建築を切望するマグカップの思考実験（成田空港の土産を先に考え、それをもとに巨大建築をつくるという順番の逆転）、ダンボールによる新宿城（駅の地下道のホームレスに触発された作品）、大地に巨大な「人」の文字を刻む人プロジェクトなど空間に関する新旧のプロジェクトが集まる。そして地下二階は「北海道遷都」や「群馬県を巨大湖に」などの立て看、お行儀がよいネクタイ・ビル、セカンドフロアリズム宣言、新宿で試した「芸術公民館」プロジェクトの再現、全世界で同時に鎖国しようと「国際会議で演説する日本の総理大臣と名乗る男のビデオ」などだ。他の作家としては、会田が山口晃に依頼した帝冠様式風のデザインになった「東京都庁はこうだった方が良かったのでは？の図」（会田）「都庁本案圖」（山口――図10）や、前述した巨大な太鼓橋を展開させた「シン日本橋」も出品された。またChim↑Pomもスペシャルゲストとして参加している。

図10　会田誠「GROUND NO PLAN」展、山口晃「都庁本案圖」（2018年）

かつてバブル期には世界中のアヴァンギャルドを呼び寄せ、大胆なデザインに実現のチャンスを与えたが、いまや東京はクレームを言われない建築や、かつて鈴木博之がビジネススーツ・ビルディングと命名したような優等生的な開発ばかりに縮こまり（会田が描くネクタイ・ビルがこれにあたるだろう）、当たり障りのないコンサバティブなデザインばかりになってしまった。そうした建築界に殴りこみをかけるような展覧会である。プロだけではない。建築学生の卒計展でも、どうせ実現を前提としないのだから大胆なアイデアを見たいとかねがね思っているが、意外なことにほとんどないのが実情である。もっとも、仮に発案したとしても学内でつぶされるのかもしれない。

会田の展覧会では東京改造法案大綱（二〇〇八年）が掲げられていた。当時の石原慎太郎都知事への提言としてロンドン、パリ、ニューヨークのすばらしい水辺や緑地の環境、また伸びゆく中国・北京の後海公園の夜更けまで続く「桃源郷的光景」にふれて無味乾燥とした東京の都心を嘆くといった体裁をとっている。そしてこう記している。

「過ぎた事を此れ以上兎や角云ふまい。問題は此れから如何にして、世界に誇りうる新たな潤ひと景観を、我が帝都に創出するかのみである。無論斯様に過密となつた東京の抜本的改造は困難を極めやう。（…）だがしかし――。周知の如く我が帝都の中心部には、少なからぬ緑地と水の潤ひが存しており、それは世界の大都市に比してけして劣らぬものである。斯くなる上は「あの土地」を開放するより他詮無きか。されど余は小心者、その土地の名を告げる事能はず。余は暗殺されるは御免なり。ただ、東京より京都こそが日本の文化的伝統を象徴するに相応しき土地ではあるまいか、とだけ付言するに留めん」

過去にアーティストによる皇居を含む東京計画の提案がなかったわけではない。

かつて岡本太郎も、一九五七年に丹下健三らと座談会をしたときに「ぼくらの都市計画」を発表した。レクリエーションセンターが置かれた皇居を中心としながら、放射状にさまざまな施設を配置し、そのひとつとして東京湾に人工島を提案している。海上の「いこい島」では、東京側に映画館、ダンスホール、飲食店などが入った十五階建ての高層ビルが屈曲する壁のように続き（当時の高さ制限をこえている）、その向こうに競馬場、野球場、博物館、大浴場、ホテル、ビーチ、ヨットハーバーなどが一堂に会する大レジャーランドが構想されていた。じつは丹下の指示によって磯崎新が岡本のプロジェクトを手伝っている。これは東京計画１９６０が構想される前であり、岡本が影響を与えた可能性があるだろう。ともあれ、後に岡本のアイデアは千葉側の海沿いにもうひとつの東京をつくる「オバケ東京」に発展した。また一九六九年に岡本は池袋の西口に彫刻的な高層ビルを建てる「23時間都市」も発表している。それゆえ磯崎新は彼を「アーティスト・アーキテクト」と定義しなおせるのではないかと指摘した（「岡本太郎×建築――衝突と協同のダイナミズム」川崎市岡本太郎美術館、二〇一七年）。

会田は、荒川が表明していたほんとうに実現するという切実さとは違う持ち味を出している。なんちゃってという姿勢を入れることに現代のしたたかさが感じられるだろう。またマニフェストの文章は、天皇や皇居の名前を出すのは身の危険を感じるという主旨からはっきりと名言せず、示唆にとどめている。が、おそらく敗戦直後の一九五〇年代は皇居の使い方を提案することはそれほど憚られるものではなかった。当時、丹下も宮城を開放して文化センターにしたいと発言している。そして排気ガスが多い東京から皇居は引っ越したほうがよい、と。また二十一世紀の初頭にも全共闘の世代のアーティスト、彦坂尚嘉が皇居に巨大美術館を建設し、天皇は京都に帰還するというアイデアを発表していた。

第2章　保守化する東京の景観

未来の喪失　首都高の地下化

二〇一八年七月、日本橋の上を通る約一・二キロの首都高の地下化が本決まりになったというニュースが飛びこんだ。二〇二〇年の東京オリンピックの後に着工し、完成までに十—二十年はかかるという。高架橋の撤去や地下トンネルの掘削を含む事業費は約三千二百億円を見込む予定であり、首都高会社が二千四百億円、東京都と中央区が四百億円、そして日本橋周辺を再開発するビルなどの民間事業者が四百億円を負担するという。同じプロジェクトが二〇〇〇年代に議論されていたときは事業費が約五千億円とされていたので、かなり圧縮した数字が提示されているが、ほかの付帯工事を入れると、おそらく三千億円では済まないだろうと指摘されている。いずれにしろ現時点では国の税金を入れないことになっているが（すなわち国のお金を東京の特定の場所に巨額を投じる問題はなくなる）、あれだけ批判されたザハ・ハディドの新国立競技場案の建設費をはるかに上まわるプロジェクトがあまり議論しないまま、なんとなく決定した。

これを受けて二〇一八年七月三十日放送のBS日テレ「深層NEWS」で、このテーマを議論する番組「首都高〝地下化〟計画――日本橋は醜いか」の出演依頼がきたのだが、最初は断ることにした。なぜなら、かつて筆者は美しい景観を名目にした首都高の地下化にはさまざまな疑問があることをさんざん批判し、一度は消えたプロジェクトがゾンビのようによみがえり、今回はあっさりと実現されることになったからだ。ある種の徒労感ゆえに首都高の写真集『ジャンクション』で知られる次世代の論客、大山顕を番組の企画者に紹介し、逃げようと思った。

その後ニュース番組の一コーナーで十五分ほどしゃべるのではなく、まるごと一時間じっくりと討議できることを知り、結局、筆者と大山が出演することになった。もうすでに決定されているプロジェクトゆえに結論がひっくりかえらないトピックだが、これを契機に都市の景観を考える人がふえればよいのではないかと思ったのである。この番組ではほかにも京都タワー、鞆《とも》の浦の埋め立て架橋計画、電柱の地下化などの是非もとりあげることになっていた。大山は、地下鉄の銀座線、日本橋川、そして橋と首都高というふうに各時代の物流を担う交通インフラがこれほど重層している場所は世界的にもめずらしく、だからこそ首都高はクールだと述べている。

老朽化も一因だが、ほんとうの目的は美辞麗句を並べた景観ではなく、オリンピック後に冷えこむことが確実な建設業の需要を刺激するという経済効果が大きいのではないかと思う。ゆえに、まじめに景観論を軸に批判することはドン・キホーテのようなふるまいかもしれない。だが、場所や規模の視点から東京の未来を考えるうえで無視できないプロジェクトである。そして実際に日本橋地域ルネッサンス百年計画委員会が作成したイメージ図（図1）も発表されており、黙っているわけにもいかなくなった。これは興味深いことに、二〇〇〇年代に首都高地下化計画が話題になっていたときの完成予想図を明らかにバージョンアップしたものになっている。以前のイメージ図では一帯が再開発されたことで日本橋川の両側に現代的なガラスの高層建築がぎっしりと建っていた。

図1　首都高高架橋を撤去後の日本橋イメージ図（日本橋地域ルネッサンス100年計画委員会作成）

たしかに首都高は除去され、橋の真上はすっきりしているが、ほんとうにこうしたビル街の風景でよいのか？と思わせるものだ。

新しいイメージ図では以前よりも親水性を増していることは評価できるが、注目すべきは無個性な高層ビル群が大きく変容し、擬古典風に変わっているのだ。すなわち川沿いの建築は日本近代に導入された西洋の古典主義風、あるいは瓦屋根とおぼしき屋根がついていたり、足元に木造風の意匠がついていることから、おそらく垂直に引きのばされた江戸時代の古建築風になっている。ある意味では前よりもデザインされたものといえるのだが、あまりに露骨すぎてテーマパーク感がきわめて強い。またその背後には超高層のヴォリュームも示唆されているが、これらは灰色に塗られているだけで、いわゆる腰巻ビルが建つ。すなわち丸の内のエリアに多い、低層部分は再開発前のファサードを残す一方、高層部分はガラス張りで存在感を薄めた、見えるけれど存在しないことになっている黒子のようなビルである。もっとも銀行倶楽部や日本工業倶楽部はほんとうに存在していた近代建築（前者は横河工務所、一九一六年、後者は同、一九二〇年）をもとに腰巻ビル（前者は東京銀行協会ビルヂング、三菱地所設計、一九九三年、解体二〇一七年、後者は三菱ＵＦＪ信託銀行本店ビル、同、二〇〇三年）を建設しているが、今回のイメージ図はそうした歴史的な事実とはあまり関係がない、ほんとうに「イメージ」の再現なのだ。ちなみに日本橋の周辺では、二十一世紀に入って三井本館（トローブリッジ&リヴィングストン社、一九二九年）や髙島屋（高橋貞太郎ほか、一九三三年）など近代の様式建築をリスペクトしながら再開発が進められているが、これらと比べてもイメージ図のレベルは低い。

思わずのけぞったのが、なんと日本橋の横に太鼓橋らしきものが描かれていることだ。これに気づいたときは何かの悪い冗談ではないかと思った。なるほど現在の日本橋を明治時代に建設した際、過去の太鼓橋が失われた。だから江戸時代を想起させる橋をここにもちこんだのだろうが、あくまでも日本橋の横であり、本来の場所ではない。ゲニウス・ロキにこだわった建築史家の故鈴木博之ならば呆れ返っただろう（復元建築が数メートルずれていただけでも苦言を呈していたから）。さらに突っこみを入れると、現在の法規では東京のどまんなかに木造の太鼓橋を建設することはできないだろう。とすれば、このイメージに描かれた太鼓橋は木造を偽装する土木構築物にならざるをえない。

まさに記号としての景観である。オーセンティシティもない。ただ、なんとなく江戸・明治風のイメージだけで東京の未来の風景をつくるべきなのか。

正直、怖いもの見たさもなくはないのだが、ほんとうにこれは巨額を投じてでも遂行すべきプロジェクトなのだろうか。おそらく可視化されにくい複雑な地下工事において新しい技術は投入されると思われるが、誰の目にもふれる地上の景観に新しさは何もない。むかしはよかったという後ろ向きの意識である。しかもその過去さえも精密さをもたず、歴史修正主義的な景観だ。一方で、かつて首都高を建設した工事は当時世界でも先端的なプロジェクトだったにもかかわらず、そのときの技術者へのリスペクトはない。

明治時代に古典主義の意匠をまとう石造の日本橋を建設したことは日本の近代史にとっては大事かもしれないが、ヨーロッパに比べると規模も小さいし、何十周も遅れたプロジェクトである。またその意匠がルネサンス様式という表記もときおり見受けられるが純正なものではなく、明らかに和風の装飾を混ぜており、せいぜい古典主義の範疇に入るというのが正確な表現だろう。もし本場のイタリアで日本橋をルネサンス様式のすばらしいデザインと説明したら大恥をかくはずだ。実際、読売新聞の編集委員の丸山淳一によれば、一九一一年の開通式で配布された読売新聞の開設記念号ではかなり手厳しいコメントが掲載されていたという(https://www.yomiuri.co.jp/fukayomi/ichiran/20180910OYT8T50013.html?page_no=3)。すなわち清水組の技師長もつとめた田邊淳吉は、おそらく和洋折衷のデザインに対して「意匠設計の上に何の統一もない。根本的に失敗している」と批判している。また東京帝国大学の建築家、塚本靖は「もはや石造の時代は過ぎている。鉄の橋が美観を害すと考えるかも知れないが、けっしてそうではない」と述べて「パリには橋の上に高架鉄道を通すなど、実用上も進歩し、かつ建築的な美観を持つ橋が多い」と記した。

なるほどパリのセーヌ川沿いには近世のポンヌフが残っているし、近代の鉄橋もあり、さらに二十一世紀には上下が反転するようなねじれた造形を特徴とする歩行者と自転車専用のシモーヌ・ド・ボーヴォワール橋（二〇〇六年）が新しくふえている。けっしてむかしはよかったという景観だけにとどまらず、それぞれの時代の新しい技術やデザインを反映しながら都市の魅力を重層的に高めている。一方で、これだけの大規模な工事をおこないながら、東京は未来を感じさせないキッチュな景観をつくろうとしている。首都高の地下化はもう止められないだろう。しかし、その後に誕生する周辺の景観はまだ修正可能である。だからこそ筆者はまた発言することにした。たとえば世界中のグローバルシティが新しいランドマークをつくる際、当然のようにおこなう国際コンペを日本橋のエリアでも開催し、すぐれた案を世界から集めて未来を感じさせるような建築をつくることも検討されてしかるべきだ。

図2　東大門プラザ（ザハ・ハディド、2014年）

ちなみに、しばしば首都高地下化に関連して言及されたソウルの清渓川《チョンゲチョン》再生プロジェクト（二〇〇五年）は高架を除去し（一部、橋脚のみを遺構のように残しているが）河川を復元したが（ただし、ほんとうの川でなく、引きのばされた池である）、同時にその起点に大型のパブリックアートを導入したり、さまざまな意匠の小さな橋（必ずしも良質のデザインではないが）を建設した。なお、道路を地下化したわけでなく、都心から純減させている。またソウルでは、市長の肝いりでザハ・ハディドによるアヴァンギャルドな建築、東大門《トンデムン》デザインプラザ（二〇一四年――図2）やMVRDVによるソウル路《ロ》7017（二〇一七年、駅の線路を横断する高架の車道を空中公園にリノベーションしたもの――図3）が登場するなど未来的な風景を着実にふやしている。前者は人工的な丘が出現したかのような巨大建築であり、インスタ映えする新しい名所になった。また後者は二十一世紀のニューヨークに誕生したディラー・スコフィディオ＋レンフィロの洗練されたデザインによって、やはり高架の線路を公園に改造したハイライン（二〇〇九年）を参照したものだろう。ハイラインは高層建築のあいだを空中散歩する楽しみをもたらし、多くの観光客で賑わっている。かくして古くなった土木インフラをただ壊すのではなく、む

図3　ソウル路7017（MVRDV、2017年）

しろ魅力的な空間体験の場として再利用する成功事例があっても、なぜか東京の首都高では検討される様子がない。

時間を操作する建築　三菱一号館

二十一世紀の東京では、過去の景観を再生するプロジェクトがめだつようになった。とりわけ二〇〇九年、丸の内に竣工した三菱一号館美術館（図4）はユニークな建築である。これは新築だが、かつてこの一角に存在していたオフィスビルを復元したものだ。といっても、ファサードだけを保存したり、一部だけを復元したプロジェクトではない。もちろん、イメージだけを模倣するテーマパークとも違う。三菱地所設計が可能なかぎり失われた実物の正確な再現を試みているからだ。どういうことか。これは「一丁倫敦」と呼ばれた明治時代の丸の内を代表する赤煉瓦のビルを外壁の表層だけではなく、素材や構法のレベルで全体の復元をめざしたものである。つまり人目に触れないところも一八九四年に建設された当時の方法でつくっているのだ。そのためにお雇い外国人のジョサイア・コンドルが設計したときの図面や写真資料のほか、一九六八年に解体したときの実測図面を使い、さらに保管した部材も再利用している。

図4　三菱1号館美術館（三菱地所設計、2009年）

高層ビルが林立する一画において、高度経済成長期に一度破壊された建築の姿を四十年ぶりにほぼ同じ場所でふたたび出現させた。その姿は漫画「漂流教室」（楳図かずお、一九七二―七四年）において学校が時空をこえて未来世界に飛ばされたかのように唐突である。新しい三菱一号館は単体の建築として存在しているが、全体の計画としては超高層ビルを含む丸の内パブリックスクエアの再開発に含まれている。が、おそらく多くの人は背後にそびえ立つ高さ一七〇メートルにおよぶ丸の内パークビルディング（三菱地所設計、二〇〇九年）の無個性な姿をあまり記憶していないだろう。このビルはランドマークとしての主張はせず、むしろ足元の赤煉瓦に歩行者の目をひきつけているからだ。うがった見方をすれば、再開発で巨大建築をつくることと過去に名建築を壊したことに対する贖罪のようでもある。

ところで、二十年ごとに破壊と再生を繰り返す伊勢神宮の式年造替が想起されるかもしれない。もっとも、あいだに四十年の空白期間があるから同じ敷地における隔世遺伝というべきか。また伊勢神宮の用途は宗教施設のまま変わらない。一方で三菱一号館の復元は現在の法規をクリアしながら、今度はオフィスではなく美術館として使うものだ。当然、都心である丸の内において通常ならば煉瓦の組積造や木造の小屋組みを採用することはできない。そこで免震装置の基礎の上に建てたり、屋根の下に耐火層をもうけることでなんとか実現にこぎつけた。

大変な苦労は構造だけではない。古いガラスや煉瓦など材料の調達にも国内外を奔走し、面倒は計画にもおよぶ。なぜなら、いったんむかしのオフィスとして復元してから美術館に転用しているからだ。たとえば外観からのみ開口部に見える偽の窓をつくれば、すぐ展示に使える壁を増やせるが、きちんと窓をつくってから、それを塞いで壁にしている。また以前のデザインを踏襲しながら、現行の法規で定められた高さの手摺を最初からつくれば楽だが、復元としては嘘になってしまう。ゆえに鉄製の階段ではオリジナルの低い手摺を復元したうえで、わざわざ透明なアクリル板を付加して必要な高さを確保している。あくまでも何がオリジナルだったのかを正確に表現しようとしているのだ。小さいオフィスの部屋が並ぶと美術館には不向きだが、それでも最初から大きな展示室は設計せず、各部屋をアーチの開口でぶち抜く。すなわち新築でありながら、圧縮されたリノベーションのプロセスが含まれている。こうも言いかえられるだろう。もし三菱一号館が解体されず、使いつづけられ、後に美術館として転用されたら、おそらくこうなったというデザインがなされたのだと。これは解体されなかったパラレルな歴史を想像させる、時間を操作する建築だ。

おそらくここまで徹底した近代建築の精密な復元は世界でもめずらしい事例だろう。だったらそもそも壊さなければよかったのにと思うが、オリンピックや万博で日本が勢いづき、スクラップ&ビルドという名の「見えない震災」が激しかった時代である。フランク・ロイド・ライトが設計した帝国ホテル（一九二三年）も関東大震災に耐え、太平洋戦争のときはアメリカ軍が戦後の接収を見越して空襲を受けなかったが、一九六〇年代には手狭になり、所有者がみずから解体した。これは近代建築の保存運動が起きるきっかけとなり、部分的に移築保存すべく明治村の設立（一九六五年）にいたる。三菱一号館の解体をきっかけに近代建築の撮影をはじめた写真家の増田彰久によれば、当時は赤煉瓦の建築を慈しむ雰囲気がなかったという。また近代建築の楽しみ方を普及させた藤森照信らの建築探偵が活躍する以前である。とすれば、二十一世紀に入り明治の建築を復元したのは、時代がひとまわりして近代日本の出発点として赤煉瓦の様式建築に対する価値観が大きく変わったからといえるかもしれない。

図5　昭和初期の東京駅（辰野金吾、1914年）

三菱一号館美術館は保守的なデザインに見えるが、曖昧な歴史のイメージをふりかざし、一度も存在しなかった偽の過去を具現化する日本橋周辺のプロジェクトとは違い、あまりの原理主義ゆえにむしろラディカルな時間への問いを投げかける。その結果、新築ながら失われた四十年の時間の流れさえも感じさせるトリッキーな建築が出現した。

復元と開発の促進　東京駅とその周辺

三菱一号館のすぐ近くの東京駅も劇的な変化が起きた。二〇〇七年から工事に入り、二〇一二年十月、当初の姿（図5）に復元された東京駅がグランドオープンを迎えたからである。筆者が現地に出向いて驚かされたのは、装いを変えたドームの下に大勢の人が訪れ、天井を見上げながら一生懸命に近代建築の写真を撮影していたことだ。なるほどノーマン・フォスターによるガラスのドームを増築（一九九九年）

図6　復元された東京駅ドーム（2012年）

したベルリンの国会議事堂など海外では一般の人が建築それ自体を目的に見学することはめずらしくない。だが、日本ではそうした事例があまりないからである。最新のテクノロジーを駆使したガラス張りの高層ビルや巨大な再開発でなくても、東京駅はそれだけ人を引きつける要素をもつのだろう。むろん、今回の工事では地下に大規模な免震装置を設置したが、人目には触れない部分である。やはりデザインの力だ。が、それは新しいものではなく過去への回帰だった。

東京駅は辰野金吾の設計によって一九一四年に完成したものの、空襲を受けて屋根が焼け落ちていた。そして戦後に急いで一九四七年に修復した状態の東京駅は、オリジナルとだいぶ異なっている。すなわち両ウィングは三階建てを二階建てに変え、屋根はまるみをなくし、角張った形状のものをかぶせ、ドームの天井も装飾を失い、ローマの神殿パンテオンを模したシンプルなデザインになっていた。したがって戦後は外観のプロポーションはかなりおかしい状態だった。凸凹が激しいスカイラインは復元後はだいぶなめらかなものに変わり、外観のバランスは明らかによくなっている。ドームの下（図6）も古典主義をベースにしたきらびやかな装飾がふえ、華やかな艶のある空間に変身した。たしかに、大正浪漫の赤煉瓦の建築としては現在の姿のほうがふさわしいだろう。とはいえ、戦後にわれわれが目撃していた姿もすでに歴史の一部である。実際オリジナルの状態が約三十年間だったのに対し、カクカクした屋根の外観はほぼ倍の六十年も存在していたからだ。左ウィングか右ウィングのどちらかを復元し、もう片方はそのままにして、あえて非対称のデザインにする大胆な考え方があってもよかったかもしれない。ヨーロッパのゴシックの大聖堂も建設に長い時間がかかるために、左右の塔が異なる様式となることで歴史が刻みこまれている。また、二〇一九年にパリのノートルダム聖堂の火災によって屋根と尖塔が崩れた後、以前の姿に復元する以外に大胆な新しいデザイン案が世界各地の建築家から数多く寄せられたことも記憶に新しい。いまとなってはもはや考えにくいことだが、じつは東京駅も高度経済成長期には建て替えをおこない、高層化する計画がもちあがっていた。

ところで五百億円という復元にかかる莫大な費用は、国が創設した特例容積率適用区域制度によって東京駅の空中権、すなわち上空で使えたはずの容積率をまわりのビルに売却することで賄っている。つまりアクロバティックな方法でお金が捻出された。その結果、もう丸の内ビルディング（三菱地所設計、二〇〇二年）や新丸の内ビルディング（同、二〇〇七年）などは登場していたが、さらに周辺の高層化を促進し、景観を激変させ、駅のはす向かいに建つすぐれたモダニズム建築、吉田鉄郎が設計した東京中央郵便局（一九三一年）も開発の波に呑まれることになった。赤煉瓦の駅舎の復元のあおりを食って壊された歴史的な建築があることも忘れてはいけない。ここで注目すべき

図7　昭和初期の東京中央郵便局（吉田鉄郎、1931年）

は大正時代の様式建築が復元の対象となったのに対し、昭和時代のモダニズムは保存されなかったことだ。

東京中央郵便局（図7）は、二〇〇九年に鳩山邦夫総務相（当時）が保護すべきトキを焼き鳥にするようなものだと発言し、保存問題が思いがけず一般のメディアでもクローズアップされたことがある。建築が広く語られることはいいことだと思う。だが、テレビの反応などをみると、ほんとうにこの建物に重要文化財としての価値があるのか、どこにでもあるようなビルではないか、といった冷ややかなコメントが出されていた。いかにもパフォーマンスに感じられるような鳩山氏への反発があったのかもしれないが、おそらく一般人の本音だろう。ル・コルビュジエによる国立西洋美術館（一九五九年）が世界文化遺産に登録されたときも、メディアではこの建物にそれほどの価値があるのかと意外そうな街の声が紹介されていた。理由はいずれもモダニズムだからである。

ノスタルジーを誘う様式建築がふつうの建物と違うことは素人目にもすぐ理解できるだろう。しかも赤煉瓦はわかりやすい萌え要素である。実際、旧三井物産横浜支店倉庫（遠藤於菟《おと》、一九一〇年）は煉瓦を剥き出しにせず外壁に白いタイルを張って高級感を出していたために、皮肉なことに保存運動が盛りあがらず解体されてしまった（二〇一五年）。これが赤煉瓦の建築であれば結果は違っていたかもしれない。東京駅はキャラをもった建築である。が現在の一般的な風景を形成してしまったモダニズムの場合、どれがすぐれているかを判断できるようになるためには、ある程度のリテラシーが必要だろう。したがって郵便局の端正なモダニズムはあまり広い支持を得られず、結果的にむかしながらの顔となる正面のファサードが部分的に保存され、商業施設KITTE《キッテ》となった。

二〇一二年、その背後に三十八階建ての超高層、JPタワーが完成した。これも空と同化するようなガラス建築の腰巻ビルである。三菱地所設計が手がけ、高層ビルはアメリカのヘルムート・ヤーン、KITTEは隈研吾の事務所が担当した。ファサードはV字の折れ線をつけることで他の箱型のビルとの差異化をはかる。KITTEの共有部分はガラス屋根から光が降り注ぐ明るい巨大な吹き抜け空間が印象的だ。内装材をできるだけ残して旧局長室を復元した部屋や、旧集配業務エリアの長さ六六メートルというスケール感を生かした先端的な展示デザインをおこなう学術文化総合ミュージアムのインターメディアテクなどもある。

図8　JPタワー（2012年）低層棟KITTE屋上からの眺め。右手は東京駅丸の内南口

KITTEの屋上テラスからの眺め（図8）が興味深い。東京駅が見えるのはもちろん、再開発され

た後の丸の内でも、高層ビルのデザインがかつての高さ制限三一メートル（＝百尺）で分節しており、過去のスカイラインが浮かびあがるからだ。一九六〇年代にこの規制が撤廃されるまでは、丸の内は制限いっぱいの高さでオフィスビルが並び、景観が統一されていた。ところで当時、前川國男による東京海上ビルディング本館（現・東京海上日動ビルディング本館）の計画が、皇居を見下ろす高層建築ということで美観論争に巻きこまれ、激しく批判されている。結局、施主側が高さを一〇〇メートルに減らした計画に変更し、一九七四年、ようやく実現にこぎつけた。それから四十年以上が経ち、いまや外資系企業が入るはるかに高いビルが林立し、東京海上ビルディングはかわいらしく見える（図9）。いったいあの論争はなんだったのかと考えてしまう。筆者の知るかぎり、新しい高層ビル群が皇居を見下ろすことを話題にした新聞はひとつしかなかった。

図9　前列左から3棟目、皇居側から望む東京海上ビルディング本館（前川國男、1974年）。右端は丸の内マイプラザ

アイコン建築とビジネススーツ・ビルディング

もっとも、丸の内に出現した高層建築はいずれもガラス張りの凡庸なデザインのビルである。いわばビジネススーツ・ビルディングだ。レム・コールハースもドキュメンタリー映画「だれも知ら

ない建築のはなし」（石山友美、二〇一五年）において、日本のビルがスペックは高いけれど、デザインがつまらないことがおもしろいと皮肉を込めてコメントしていた。一方、東京海上ビルディングは、ふたつの正方形をずらした特徴的なプランのほかタイル打ち込みプレキャストコンクリートの格子を用い、彫りの深い表情をもつ（図10）。存在感のある落ち着いたデザインだ。また村野藤吾が設計した丸の内の旧日本興業銀行本店（一九七四年）は独特の造形と花崗岩による重厚感をもつテクスチャーだったが、二〇一六年に解体されている。

そもそも二十一世紀の大型開発として注目された六本木ヒルズ（森ビルほか、二〇〇三年）や東京ミッドタウン（全体計画スキッドモア・オーウィングズ&メリル、二〇〇七年）にしても高層棟はかなり抑制されたデザインだった。二〇一八年にオープンした東京ミッドタウン日比谷（ホプキンスアーキテクツ）も、タワーの部分はランドマークとして強く主張していない。むしろ周辺の文脈を読むデザインであり、皇居や日比谷公園を眺める屋上庭園や正面に大きな広場を設けたり、隣接する日生劇場（村野藤吾、一九六三年）の外観との連続性を考慮したファサードをつくるほか、地下のアーケードでは同地にあって解体された三信ビルディン

図10　東京海上ビルディング本館

グ（横河工務所、一九二九年）の意匠を部分的に組みこむ。よくいえば、こうしたデザインは東京という都市が成熟したことを意味しているが、かといって、もう都心の巨大開発をやめて個性的な三信ビルディングをリノベーションしながら使いつづける選択肢をとるわけではない。

岡田信一郎による明治生命館（一九三四年）は重厚な古典主義が大きなガラス建築と合体し、丸の内マイプラザ（三菱地所設計、二〇〇四年）として再生した。その結果、かつて外部だったエリアが室内となり、ユニークな空間が出現している。三菱地所設計と隈研吾事務所が関わり、二〇一三年に竣工した新しい歌舞伎座は、吉田五十八による第四期（一九五〇年）の劇場部分は内外ともに意匠を継承し、背後に二十九階建てのオフィスタワーが建つ。東日本大震災で被害を受け、解体することになった九段会館（川元良一、一九三四年）も十七階建ての高層ビルに建て替えられるが、帝冠様式の外観のみ部分的に保存し、上部はガラス建築となり、二〇二二年に腰巻ビルとして生まれ変わる予定だ。いずれも高層部分は黒子であり、足元の様式建築を引き立てる。たしかに以前の開発とは違い、これまで生きのびてきた歴史的な建造物に配慮するようになった。が、きちんとした保存でもなく、新しい未来をつくるわけでもない。

三井不動産によるコレド室町のプロジェクト、すなわち一連の日本橋室町東地区開発も基本的には上部がガラス建築であり、下部が周辺に残る古典主義を意識してクラシックな佇まいをもったビルが並ぶ。いわゆる近代建築のファサード保存ではないが、腰巻ビル風の分節を導入しており、むかしの街並みを残したかのようなデザインである。また室町東三井ビルディング（日本設計ほか、二〇一〇年）や室町古河三井ビルディング（日本設計ほか、二〇一四年）の低層部は商業施設としてはめずらしく外に向かって細切れになった路面店が提灯のような照明とともに並び、江戸風の賑わいをコンセプトにしている（図11）。特筆すべきは福徳の森と、構造は鉄骨だが内外ともヒノキで仕上げ、伝統的な造形をもつ福徳神社（二〇一四年）を再建したことだ。かつてこうした神社はビルの屋上に追いやられていたが、いまや開発の目玉が神社なのである。

図11　室町古河三井ビルディング（日本設計ほか、2014年）低層階コレド室町2と福徳神社（2014年）

グローバリズムの時代における都市間競争を受けてアイコン建築が増殖する中近東や中国、もしくは新しいランドマークを積極的に生みだしているアジアの諸国と違い、規制緩和を受けた東京の再開発では、超高層を含んでいたとしても、それ自体はけっしてめだとうとはしない。生徒会長に立候補しない優等生のようなビルばかりだ。ザハ・ハディドの新国立競技場案が白紙撤回になったことでアイコン建築を忌避する傾向は決定的になり、さらに出る杭は打たれる雰囲気は蔓延するだろう。その結果、空気を読むことが大事な日本らしい建築が求められる。

東京の例外的なアイコン建築は、丹下都市建築設計による新宿西口のモード学園コクーンタワー（二〇〇八年）ぐらい

図12　モード学園コクーンタワー（丹下憲孝、2008年）

だろう（図12）。これは東口からも認識できるユニークな外観をもち、気がつくと多くの外国人の観光客がわざわざやってくるらしい。ゆえにここを取材したときに聞いたのだが、最上部から展望できるフロアを一般に開放してほしいと都庁からお願いされているという。コクーンタワーは丹下健三の息子の憲孝が率いたプロジェクトだが、父の丹下健三が設計した新都庁舎（一九九〇年）のようにランドマークになっている。ただしそれぞれの時代を反映し、御影石の外壁によって古典的な重厚感を主張する新都庁舎に対し、コクーンタワーは全面ガラス張りにして透明感を志向している。繭＝コクーンのコンセプトを意識した外観も興味深い。構造として機能する菱形のフレームと、視覚的なグラフィックデザインとしてのフレームが複雑に絡みあう。物質的な前者だけであればモダニズムの美学だが、非物質的な後者と融合する感性は現代的である。コクーンタワーは、すぐれたデザインの高層ビルに与えられるエンポリス・スカイスクレーパー賞を日本ではじめて受賞した。

冒険しないビルが増加する一方、二十一世紀に入って劇的に再評価された建造物がある。一九五八年に竣工した東京タワー（内藤多仲、日建設計）だ。映画「ALWAYS　三丁目の夕日」（山崎貴、二〇〇五年）のほかリリー・フランキーの小説『東京タワー――オカンとボクと、時々、オトン』（扶桑社、二〇〇五年）や江國香織『東京タワー』（二〇〇一年）などのメディアミックスが後押ししたことも大きいだろう。また二〇〇二年に展望台がリニューアルオープンしたことで、インテリアの印象も刷新している。実際、学生に東京を代表するランドマークは何か？と質問をすると、東京タワーと回答するケースが多くなった。

これは筆者のような一九八〇年代半ばに上京した世代にとっては驚くべき事態である。なぜなら当時、東京タワーはとても時代遅れのものに見えていたからだ。たしかに東京タワーは二十世紀の半ばにおいて高度経済成長期のシンボルとなり、戦後日本の歴史にとっては重要な構築物である。もっとも東京タワーはかなり軽量化をしているが、基本的にはエッフェル塔の時代の枠組みにとどまる構造であり（色は違うが形態も類似しており、独創性もない）先端的なデザインではなかった。当時の建築雑誌でも辛口の批評がなされている。したがって正直、建築的にはあまり世界に向かってわざわざ誇るような塔ではない。これが二十一世紀を迎えてランドマークに返り咲くのはデザインの後退ではないだろうか。

みずからランドマークとなった破壊神　「シン・ゴジラ」

よく知られているように、ゴジラは都市のランドマークを破壊してきた。東京タワー、国会議事堂、新都庁舎などもその標的になっている。世界の新名所を舞台とする００７と同様、ゴジラは観光客のように絵になる話題のスポットを訪れる。しかし大ヒットした庵野秀明監督の映画「シン・ゴジラ」（二〇一六年）は東京スカイツリーにも立ち寄らず、特定のランドマークを破壊しなかった。いや、ゴジラがねらうべき新しい建築がほとんどなかったのだろう。この映画では現代の東京を象徴するかのように、いずれも没個性的な品川インターシティ（日本設計、大林組、一九九八年）、武蔵小杉のタワーマンション、丸の内界隈のビジネススーツ・ビルディング群が登場する。そして米軍機の攻撃によって激昂したゴジラが熱戦によって都心の超高層をぶった切るシーンは、あたかもそうした無味乾燥なビルに怒りをぶつけているようだった。

以前、筆者が庵野氏にインタビューしたとき、彼は霞が関ビルと最近のビルの違いを指摘していた（「映画監督、庵野秀明の観る「景観」」、「建築雑誌」二〇〇九年一月号）。

「人がつくった感じがするか、パソコンがつくった感じがするかという違いですね。最近の建造物には、人間が線を引いた感じがせず、みんなCADでつくった感じがします。同じパーツがカオスなく並んでいて、無味乾燥な印象がして、見ていて何も面白くないんです。人を介している感じがしなくなったのは、九〇年代以降ですね。都庁は竣工した当時は好

図13 「シン・ゴジラ」（庵野秀明、2016年）、復元された東京駅の真上で凍結したゴジラ。右端は破壊されたJPタワー＋KITTE

きになれなかったのですが、そのあとに建てられたものと相対化すると、いいビルだなあと感じます」

「シン・ゴジラ」の決戦の場では復元された東京駅が壊された（図13）。新しいもの好きなゴジラがたどりついたのは、結局ノスタルジーあふれる建築だった。通常ゴジラのラストは海に帰っていくが、今回は都心で仁王立ちしたままの状態で映画が終わったのは特筆すべきことだろう。なぜか。都市論的に分析すれば、もはやアイコン建築なき東京ならばゴジラみずからランドマークと化したのではないか。現在の身長の設定は約一一八メートルだから高層ビル並みの高さである。これまでランドマークを破壊してきたゴジラが、今度は都心において巨大な仏像のように立ちつづけるのだ。

図 14　中銀カプセルタワービル（黒川紀章、1974 年）

最後に解体の危機にある東京の中銀《なかぎん》カプセルタワービル（一九七四年）をとりあげよう。これは前衛的な建築の祭典となった大阪万博で三つのパヴィリオンを手がけたことを契機に依頼された若き日の黒川紀章の代表作である（図14）。そして建築を固定化したものとみなさず、各部分が新陳代謝するメタボリズムの思想を明快に表現したデザインをもつ。メタボリズムは現在にいたるまで日本から世界に向けて発信されたもっとも有名な建築論である。ゆえに中銀カプセルタワーは、海外から建築の関係者が東京ではマストで訪れる作品になっている。また菊竹清訓のエキスポタワー（一九七〇年、解体二〇〇三年）などすでにメタボリズムの建築で解体されたものも多く、アクセスがいい都心で見学できる中銀カプセルタワーは、時代の証言者として重要度を増している。

世界に自慢するならば日本橋、東京駅、東京タワーなどよりもこちらのほうだろう。明治に開国して以降、一生懸命西洋に追いつこうとして気づいたら追い抜かして世界の先端に立ったのがメタボリズムの建築である。だが現在、中銀カプセルタワーは老朽化に加え、大規模改修の見通しが立たず、一帯の再開発が検討されているという。それほど巨大な建築ではないから、まるごと買いとって保存することも可能なはずだ。ちなみに時代を先取りした天才的なデザイナー、倉俣史朗が手がけた新橋の寿司屋、きよ友（一九八八年）は、二〇一四年に美術品のようにまるごとコレクションとして購入され、香港に誕生する現代美術館M＋の建築・デザイン部門で展示される予定である。日本では近代建築を移築保存する野外博物館は存在するが、残念ながら世界的に評価された現代の建築やインテリアを収集するデザインミュージアムがちゃんと整備されていない。

東京は新しい未来を開拓せず、むかしはよかったという懐古趣味の景観に浸っている。そして前衛の日本も大事にせず、重要な建築やデザインが失われていくことには見向きもしない。もしかすると、東京こそがめだつ建築を破壊するゴジラなのだ。

第3章　建築家の東京

バブル建築の遺産台帳

一九九四年に刊行された『建築MAP東京』（TOTO出版）は、建築書として驚異的なベストセラーとなった。だいぶ前に累計で十万部を突破し、現在も売れつづけていることから、おそらく毎年の建築学科の新入生のほか一般人も購入していると思われる。もちろん、これ以前にも建築ガイドは刊行されていた。だから業界初の本ではない。では何が新しかったのか。そのポイントを列挙しよう。まず日本全国を扱うのではなく地域限定としたこと。しかも東京だけで五百三十四件という膨大な数の建築を紹介していること。近代建築を入れず現代建築に絞ったこと。とくに一九八〇年代と一九九〇年代前半を中心とし、古い物件でも一九六〇年代である。つまりラインナップはポストモダンの時代と重なり、バブル期の建築が数多く紹介されていた。

そしてこれは意外に重要なのだが、実際に地図として使えること。すなわち最寄りの駅から目的地までの道のりがわかりやすい地図によって示されているのだ。あたりまえのように思われるかもしれないが、これまでの建築ガイドは住所のみ記載されていたり、地図がついていても小さすぎて使いものにならなかった。たとえば新建築社が刊行してきたいくつかの建築ガイドはそうだった。したがって以前の建築ガイドは、住所のデータをもとに別の地図を用意する必要があった（現在ならばスマートフォンで事足りるが）。が『建築MAP東京』は、これ一冊を手にすれば街に出かけることができるのが画期的だった。その後二〇〇四年には持ち歩きに便利な本とするために、さらにハンディな三分の二サイズの『建築MAP東京mini』も刊行されている。実際、筆者が『建築MAP東京』のレイアウトを最初に見たとき、『ぴあMAP』のようだと感じた。つまりグラフィックとしてデザインされた地図であり、必要な情報は見やすく、逆に不要と思われる情報は排除することで煩雑さを回避した表現である。

もっとも驚かされたのは価格設定だった。建築の写真も地図もすべてフルカラーで、わずか千五百円である。従来の建築書の感覚ならば三千円をこえてもおかしくないから、価格破壊といってもいいだろう。しかし、その安さゆえに気軽に購入でき、爆発的に売れたのは間違いない。じつは当時大学院生だった筆者もこの本の執筆に関わり、およそ百件におよぶ建築の解説を執筆、もしくはリライトを担当したほか、いくつかのエッセイを寄稿した。巨大なビルも小さな住宅もポイントを押さえつつ批評的な一言も入れて同じように短い文章で説明するという個人的にも大変勉強になった仕事である。建築史の研究室に所属していた筆者にとって、まとまった数の現代建築の解説をはじめておこなう、いわば百本ノックとでもいうべき作業だった。

ともあれ、ある程度本を制作した内情を知っているのだが、関係者もこれほど売れるとは誰も予想していなかった。丸善に納品した百冊がどれくらいの期間で売れるかを関係者がイベントとしてそれぞれ予想を立てたのだが、もっとも早い予想日よりも先に完売したのである。Twitter の文字数に近いおよそ百五十文字の解説は一件につき五百円の買いとり原稿料だったが、これほど売れるなら印税にすればよかったと後から思わずにはいられなかった。ちなみにこの後、大阪や東京の第二弾など各都市でシリーズ化した建築ＭＡＰの本は印税形式になっている。

地方であれば自動車でないとアクセスしづらい建築も多いだろう。しかし公共交通機関が網目のように張りめぐらされた東京だからこそ基本的に歩いて訪れることが可能であり、またマップも最寄り駅をベースにエリアを区分けし、そのように構成されている。加えて高密度で現代建築が存在することで地図がスカスカにならない。ほかの都市で現代建築だけのガイドブックを作成することはむずかしいはずだ。建築ＭＡＰのシリーズ化でも京都や九州などでは近代建築や古建築も含むガイドブックになっている。ちなみに『建築ＭＡＰ東京』のはじめには「「東京」という都市は多様化する建築のすべてが凝縮された「現代建築博物館」のようです」と記されていた。

また帯に推薦文を寄せた藤森照信が「東京は現代建築の世界一の花園だ」と記したように、まさに二十世紀末の東京にはさまざまな前衛的な建築が出現していた。かつて藤森は一九七四年に堀勇《たけ》良《よし》らと街に埋もれている西洋館を求めて東京を歩きはじめ、その活動は「建築探偵団」と呼ばれるようになった。明治維新から百年が過ぎ、近代建築もリスト化すべき歴史的な存在に加わったタイミングである。彼はフィールドワークを通じて震災復興期の商店群というジャンルを「発見」し、一九七五年に「看板建築」と命名した。無名の人がデザインした建築史の空白である。もっとも、これが失われていく過去に対するまなざしだとすれば、『建築MAP』は近過去を扱い、むしろ同時代の建築を可視化し、マッピングしていく試みだった。

建築ガイドはロンドン、ベルリン、ニューヨークなど海外の主要都市でも刊行されているが、『建築MAP東京』が特異なのは相当数の個人住宅も施主の許諾をとって掲載していることだろう（ただし、あまりに多くの見学者が訪れそうな安藤忠雄の住宅などは紹介されていない）。あらためて住宅というジャンルが日本の建築家にとって重要な仕事だったことがうかがえる。なぜなら、建築家が大都市で小住宅を手がけることは日本の特殊事情だからだ。金持ちの豪邸ならともかく、通常海外の建築家はそもそもこうした中産階級の住宅の仕事がない。大都市は基本的に集合住宅であり、その設計や室内のリノベーションを手がけることになる。一方で東京では都心でも個人住宅が混在しており、ビルの横に小さい家が並ぶという凸凹な風景がめずらしくない。しかも塔の家（東孝光、一九六六年）のように、狭小住宅でありながら圧倒的な存在感をもって歴史化される作品もある。したがって小住宅からビルまでを含む『建築MAP東京』は、正しく建築家がつくりあげた東京のイメージを表現している。

リノベーションとインテリア

前述したように、バブル期のポストモダン建築を網羅していることが、いまから振り返ると本書の歴史的な意義だろう。「見えない震災」、すなわちスクラップ&ビルドが激しい東京ゆえにもうすでに解体されたものもある。保存が叫ばれるのはせいぜい近代建築までなので、ポストモダンが再評価されなければ今後も消えていくだろう。とすれば将来、本書はバブル建築の遺産台帳として記憶されるのではないか。さて、二〇〇三年に第二弾というべき『建築MAP東京2』(TOTO出版)が刊行された。このとき筆者は編著側となり、一九九〇年代後半以降に竣工した四百四作品のセレクションに関わった。十年と経たないうちに第二弾を刊行できるだけの新しい作品が登場することから、あいかわらず東京は現代建築のモンスターシティだと思った。地図や解説など基本的な形式は同じである。しかし、作品の選び方は大きく変わった。『建築MAP東京』では基本的に新築の物件を紹介していたのに対し、第二弾では時勢の変化を反映してリノベーションやインテリアも含むことになった。二〇〇〇年ごろから日本の建築界ではリノベーションが注目を集めていた。バブルの崩壊後は、とくに若手にとってこう

図1　東急プラザ表参道原宿(中村拓志、2013年)

図2　東急プラザ表参道原宿、エントランスゲート

した仕事も重要なプロジェクトになったからである。同書に収録されたコラムでも「東京再生のリノベーション」と「リノベーションのデザイン」の二本がこのテーマを扱っている。

実際、インテリアデザインを対象とするＪＣＤデザインアワードでは、二十一世紀に入り、次々と若手建築家が大賞を獲得するようになった。とりわけふたりの中村の活躍がめざましい。すなわち隈研吾事務所出身の中村拓志は二〇一三年に東急プラザ表参道原宿（図1・2）、二〇一四年に二重螺旋のリボンチャペル、また青木淳事務所出身の中村竜治は二〇〇七年にJIN'S GLOBAL STANDARD NAGAREYAMAが受賞した。吉村靖孝も二〇一一年にレッドライト・ヨコハマで大賞になっている。二〇一六年度は谷尻誠が率いるサポーズ・デザイン・オフィスによる池袋のBOOK AND BED TOKYOと中村拓志の開放的なダイニング、エレテギアが競りあい前者が大賞に選ばれた。二〇一七年度の大賞も二度目となる中村竜治のJINS京都寺町通店であり、最後まで争っていたのが隅事務所出身の百枝優《ももえだ》による丘の礼拝堂だった。いずれもインテリアデザイナーではなく建築家である。ゆえにインテリアデザインの業界では建築家が積極的に参入し、戦々恐々としていた。もちろん、これ以前から建築家はインテリアを手がけていたが、あくまでも主戦場は新築のデザインであり、事務所の運営を維持するための仕事として引き受けるなどメインのプロジェクトには位置づけられていなかった。しかし、ポストバブルの若手建築家はなかなか大きな新築の仕事がまわってくるチャンスがなく、必然的にインテリアやリノベーションの作品を先鋭化させたのである。

こうした背景を反映しているのが浅子佳英＋安藤僚子『ＴＯＫＹＯインテリアツアー』（ＬＩＸＩＬ出版、二〇一六年）だろう。おそらく東京のインテリアデザインを批評的に紹介した初のガイド本である。ゆえに都市を歩く体験に新しい楽しみ方を与えるものだ。もちろん新築による単体の建築ではないから、リノベーションの物件も数多く含む。もっとも、ただ作品を解説するだけではない。本書は銀座、表参道・原宿、恵比寿・白金、中央線など九つのエリアに分けているが、それぞれの冒頭に近代以降の都市環境の変遷を記述し、街の性格とインテリアの動向が結びつくことを示唆しつつ分析をおこなう。たとえば一九七三年にＰＡＲＣＯが登場し、若者の街として注目された渋谷で、今後の高層化と再開発によってストリート文化は生き残るのか？と問う。すなわち利那的に消費されるものと思われがちなインテリアに対し、歴史的な文脈から位置づけながら、外部の都市と切り離されたものではないという視点を提示している。

東京に帰還した巨匠　丹下健三

一九九〇—九一年に竣工し、いずれも『建築ＭＡＰ東京』に掲載されたふたつの建築に注目しよう。ひとつは丹下健三（一九一三―二〇〇五）の東京都庁舎、もうひとつは隈研吾（一九五四―）によるM2である。前者はモダニズムの巨匠がポストモダンを手がけた話題作、後者はポストモダンの建築家としてデビューした新世代によるバブル期の代表作だ。ともに東京大学出身で東京大学の教授となった建築家であり、それぞれ一九六四年と二〇二〇年の東京オリンピックのメインとなる競技場を手がけている。また丹下研究室は一九七〇年の大阪万博の会場計画やお祭り広場を担当し、隈も途中で外れることになったものの、当初は二〇〇五年の愛知万博の会場デザインに携わっていた。

丹下は戦後日本の復興期にランドマークを設計した国民的な建築家である。たとえば東京オリンピックの国立代々木屋内総合競技場、大阪万博、広島の平和記念公園（一九五四年）など多くの人の記憶に残る風景をつくりだした。東京に限定すると、現在は東京国際フォーラムが建つ有楽町の旧都庁舎（一九五七年）、HPシェルの屋根を組みあわせた東京カテドラル聖マリア大聖堂（一九六四年）、円筒形のコアに事務所ユニットがつく新橋の静岡新聞・静岡放送東京支社（一九六七年）、すでに解体されたが雁行するプランが特徴的な赤坂プリンスホテル新館（一九八二年、解体二〇一三年）なども丹下の設計である。壮大すぎて実現しなかったが、海上に新しい都市軸を設定する東京計画1960も建築界に大きな衝撃を与えている。もっとも大阪万博の後、オイルショックが発生し、日本は不景気になり、しばらく国内では主要なプロジェクトがなくなっていた。逆に丹下は、オイルマネーで潤った中近東など海外における都市計画スケールの大型プロジェクトに軸足を移している。

ゆえに一九八六年におこなわれた東京都庁舎のコンペで最優秀に選ばれたことは、ひさしぶりに日本で彼の存在感を示す事件になった。しかも今度はポストモダンのデザインによって巨匠が帰還したのである。たとえば東京都庁舎はパリのノートルダム聖堂のようなシルエットをもつ一方、コンピュータの集積回路をイメージした外壁の幾何学パターンで覆われている(図3)。コンペの後、ふたたび丹下事務所は東京の各地にランドマーク的な建築を設計した。青山の国際連合大学(一九九二年)、都庁の背後にそびえる新宿パークタワー(一九九四年)、空中に球体が浮かぶお台場のフジテレビ本社ビル(一九九六年)や巨大な東京ファッションタウンビル(一九九六年)、東京ドームホテル(二〇〇〇年)などである。いずれも強烈な造形をもち、アイコン建築的なデザインだった。また首都高速からほとんどの丹下の重要な作品を見ることができるのも興味深い。サイズ、敷地の場所、視認性などの条件を満たしているからだが、丹下以降にこうした建築家はまだいない。磯崎新、黒川紀章、槇文彦、SANAA、青木淳などの建築家にしても、首都高から見える巨大な作品がそれほどなく、代表作がむしろ地方に分散している。

図3 東京都庁舎(丹下健三、1990年)

ちなみに丹下は、一九七九年から一九九五年までの四期十六年にわたって都知事の座に就いていた鈴木俊一と親しい建築家である。鈴木は副知事として東京オリンピックの準備に関わった後、日本万国博覧会協会事務総長をつとめており、また都知事選の初出馬のとき、後援団体の「マイタウンと呼べる東京をつくる会」の会長が丹下だった。ふたりは東京の風景を形成したといえるかもしれない。鈴木の後に都知事になった青島幸男は、一九九六年に予定されていた世界都市博覧会の中止を公約に掲げ、選挙で圧勝したタレントである。これは東京で博覧会を開催し、湾岸エリアの開発を促進したかった鈴木の肝いりのプロジェクトだったが、バブル崩壊のあおりも受け、直前で頓挫することになった。世界都市博の基本構想懇談会の委員の座長は丹下である。このプロジェクトは東京フロンティアとも呼ばれていたように、東京こそが世界の最先端であるという自負がうかがえる。

ポストモダンの極北を提示した隈研吾

『建築MAP東京』において隈研吾の建築は、ギリシャに由来する古典主義建築のオーダー（柱の形式）を巨大化させた青山のドーリック（一九九一年）と世田谷のM2が掲載されている。ほかに彼は西洋の歴史建築の断片を散りばめた「建築史再考」（一九八九年）やラスティック（一九九一年）などのビルを東京で手がけていたが、これらは紹介されていない。現在、隈は「和の大家」と呼ばれるが、まったく違う洋風のイメージの建築家としてデビューした。また『建築MAP東京2』でも隈の作品は東銀座のADK松竹スクエア（二〇〇二年）のみであり、現在の活躍から考えると驚くほどに少ない。とはいえ、『建築MAP東京』にはきわめて重要な作品が入っている。M2は隈の初期代表作というだけではなく、バブルの時代を代表する建築として記憶されているからだ。当時の隈は三十七歳だから若手建築家の作品であり、「新建築」で紹介されたときも表紙や巻頭などではなく、けっして大きな扱いではなかった。

しかし、いまから振り返るとバブル期の東京の建築といえばM2かフィリップ・スタルクによるスーパードライホール（一九八九年）あたりが想起されるのではないか。後者は外国人デザイナーを起用し、建築というよりはオブジェのような大胆な形態によって浅草の新しいランドマークとなった（図4）。明治期にお雇い外国人が参入したとき以来の多くの海外の建築家が日本で仕事をしたのがバブル期である。しかも本国では実現できない前衛的な建築家でさえ、東京ではプロジェクトを実現することができた。たとえば脱構築主義の理論家で知られるアメリカのピーター・アイゼンマンによる布谷東京ビル（一九九二年）やコイズミライティングシアター／イズム（一九九〇年）である。

一方でM2は、過去の建築のモチーフを引用するポストモダンの手法を露悪的なまでに肥大化させた作品である。とく

図4　スーパードライホール（P・スタルク、1989年）

に限は一九八〇年代にニューヨークのコロンビア大学に留学しており、アメリカ型のポストモダンを徹底したデザインといえるだろう。筆者は『建築MAP東京』に「疾走するゲームプレイヤー／象徴の破壊　M２」というコラムを寄稿していたので、以下に抜粋しよう。

あえて意味をなそうとはしない空虚のモニュメントは、「M２」という、建物によって具現化され、それはひとつの時代を見事に刻印したと言ってよい。たとえば、異常に膨れあがったイオニア式の円柱はもはや文化的なコンテクストとは無関係に、ただニヒリスティックに宙を漂い、ひたすら意味の不在を笑っているかのようである。(…)

イオニア式のオーダー、コーニス、ペディメント、アーチ、飛行機乗降用のタラップ、レオニドフのソビエト重工業省本部案、ハイテックなアトリウム、のっぺらな背面のファサード、エッシャーの無限階段(…)。すべての建築要素は言語化が可能であり、そのためにことさら建築の言語ゲームの混乱ぶりがあからさまに伝わってくる。(…)

建築言語の自律した遊戯であり、建築が建築を批判するための、批判的建築に近い。そこでは意味や機能やスケールなど建築におけるあらゆる制度からの解放地区として、分裂症気味の言語空間が目指されている。

おそらくそれは八〇年代に勃興したハウスミュージックとも極めて類似している。サンプリング、カットアップ、リミックスなどの手法で構成される音楽は、象徴の時代の終焉を告げ、オリジナルの神話すら解体していく。M2も徹底的に古典的なシンボルを破壊する。

隈のドーリック（図5）は、ドリス式の柱にエレベータが入っているが、こうした造形の先例としては一九二二年におこなわれたシカゴ・トリビューン社の国際コンペにおけるアドルフ・ロース案が知られている。このとき彼はドリス式の柱をそのまま高層ビルの形状に読み変えていたが、「COLUMN」という言葉が新聞のコラムと円柱の意味の両方をもつことをふまえたダジャレというべきデザインでもあった。これに対し、おそらく世界最大のイオニア式の柱を中央に据えたM2（図6）はもっと過激化し、柱の内部はやはりエレベータが入るものの、それ以外は空っぽであり、

図5（上）　ドーリック（隈研吾、1991年）
図6（下）　M2（同、1991年）

さらに支離滅裂な組みあわせを実行している。後にM2は用途が変わり、セレモニーホールとなったが、むしろそのほうがマッチしているように思われるのも、そもそも自動車のショールームと無関係のデザインだからだろう。一方でアイゼンマンの布谷ビルは、リノベーションされた際ほとんど原形をとどめず、見るも無残なデザイン変更が施された。

サンプリング的なデザインとしては、磯崎新のつくばセンタービル（一九八三年）や石井和紘による一連の引用建築という国内の先例はあるものの、M2はもっとハチャメチャにさまざまな要素を選んでいるし、東京の環八沿いの自動車のショールームとしてめだつランドマークになった。世界的にみても、ここまで引用型のポストモダンを徹底した作品はほかにないだろう。そうしたデザインを若手に許容し実現させたのが、まさにバブル時代の東京だった。現代ならば炎上してもおかしくない建築である。いや、正確にいえば当時からポストモダンかつバブルの極北を示したM2に対し、ここまでやってしまう新世代が登場したのかという意味で良識派な建築家は眉をひそめていたと思う。Twitter やSNSなどのネットメディアがなかった時代ゆえに可視化されなかったのである。

バブル崩壊後に東京の外から学んだこと

隈は当時の状況を以下のように振り返っている。

「ぼくとしてはバブルに浮かれる東京を強烈に皮肉ることで、みんなと一緒に笑いたかったのですが、今から思うと、ぼくの思いは一方的でしたね。あれで、世の中からものすごいブーイングを受けて、以後十年間、東京での仕事がなくなりました。いろいろな意味で記念碑的な仕事ですね」(『なぜぼくが新国立競技場をつくるのか』日経BP社、二〇一六年)

東京の仕事がなくなったのはほんとうだろう。『建築MAP東京2』にわずか一件しか作品が紹介されていないことがそれを証明している。隈は代わりに東京以外の地方での仕事を手がけるようになった。熱海の「水/ガラス」(一九九五年)、日本建築学会賞を受賞した宮城県の登米町《とよま》伝統芸能伝承館「森舞台」(一九九六年)、そして那珂川町馬頭広重美術館(二〇〇〇年)を含む那須の三部作などである。かつて丹下がオリンピックと万博という一九六〇年代の日本を象徴するプロジェクトを担当した後、しばらく国内の重要な仕事がなくなったように、隈もバブルの東京を代表する商業施設を発表した後、地方で建築を設計していたのだ。

隈は代官山のヒルサイドテラス(一九六九―九二年)を指して、次のように語っている。

「槇さん的なものをいいと思っている設計者は絶対にダメなんですよ。槇さん的なものが悪いとは誰の目にも見えないし完成度も高いけど、それと同じやり方をやろうと思っても絶対槇さんにはなれない。せいぜいゼネコンの出来のいい建物という程度」(『隈研吾読本1999』ADAエディタトーキョー、一九九九年)

すなわち槇の洗練されたモダニズムを評価しつつも、それが模範解答になるのは一九七〇年ごろに確立されたスタンダードであり、あえてそれに背を向けるべきだという。以前、筆者が東京の建

図7　ヒルサイドテラスA・B棟（槇文彦、1969年）

築に興味をもつ外国人を短い時間で案内したとき、両極端というべきヒルサイドテラス（図7）とM2のふたつに絞ったことがあった。ちなみにそのときの反応は、前者に対してモダンな建築のなかにひそむ路地のような日本的な空間性を発見する一方、後者はあまりにポストモダン的だとみなし、嫌悪感を示していた。

日本ではバブルが崩壊し、一九九〇年代半ばには派手なポストモダンが急速に失墜し、さらに阪神・淡路大震災（一九九五年）が発生したことでアイゼンマンのような傾きや亀裂を強調するディコンストラクティビズムのデザインが不謹慎なものに見えるようになってしまった（個人的には不当な批判だと思うが）。またドミニク・ペローのシンプルな造形がパリの国立図書館のコンペに勝利するなど海外でもポストモダンからミニマルなデザインへのシフトが起き、モダニズム回帰の潮流がはっきりとあらわれていた。

隈もこうした流れに乗って、地方において新しい手法を開発する。すなわち地域の素材を活用するルーバーを表層に使うこと。これを那珂川町馬頭広重美術館（図8）で確立し、隈はさまざまなプロジェクトで展開していく。ルーバーはどこでも洗練されたミニマルなデザインをもたらすと同時に、国内外を問わず場所にあわせて、地産の素材を使えばローカリティも表現できる。これはグローバルに応用できる黄金の必勝パターンだ。しかもコピーしやすいことから、多くの模倣者を生みだす。

隈は理論家としても優れているが、地方の実践を通じて新しい建築論を発表した。元ボクサーの安藤忠雄や映画「摩天楼」（キング・ヴィダー、一九四九年）に登場する天才建築家のように、従来の建築家は社会と闘うイメージだったのに対し、彼は「負けるが勝ち」（「新建築」二〇〇〇年八月号）と宣言した。その著作『負ける建築』（岩波書店、二〇〇四年）では、周囲や環境を圧倒する二十世紀型の「勝つ建築」ではなく、もっと柔らかい受動的な「負ける建築」のモデルを提唱する。これは社会から疎まれ、糾弾されている建築のサバイバルのための手法だろう。彼によれば二十世紀は公共投資と持ち家政策がケインズ経済学とデモクラシーと連動しつつ世界の膨張に対応し、超高層ビルやモニュメンタルな建築を生みだしたが、もはやそうしたモデルは失効した。そして空間を囲いこむのではなく、都市に開き、投げだすような建築を模索する。

また日本の伝統建築を参照した『反オブジェクト——建築を溶かし、砕く』（筑摩書房、二〇〇〇年）では、モダニズムもポストモダンも逃れることができなかった「自己中心的で威圧的な建築」、すなわちオ

図 8　那珂川町馬頭広重美術館（隈研吾、2000 年）

ブジェクト的なデザインに代わる設計手法を提示している。全八章の各タイトルが簡潔にその方法論を示しているので、次に単語を列挙しよう。形態の拒否による意識と物質の「接続」、主体と世界の亀裂を「流出」によって埋めること、建築の台座をなくして「消去」すること、「線」にほどいて塊をなくすこと、物質批判のための「極少」化、特権性を剝奪しながら関係性を「転倒」させること、「電子」化により視覚への依存から脱却すること、そして形態を解体する「粒子」化である。

二十一世紀を迎え、東京に帰還する隈研吾

かくして隈研吾は、ポストモダンからミニマルなデザインへとみごとに変貌した。一見するとM2と馬頭広重美術館は同じ建築家の作品には思えないだろう。彼よりも上の世代では、その転向ぶりに批判的な建築家も少なくなかったはずだ。もっとも、隈の態度は意外に変わっていないのではないか。なぜならポストモダンのときは古典主義などの断片的な要素をコラージュした建築を発表し、今度は地産の素材を小さな要素に分解しながら全体を覆うといった操作的なデザインは題材が異なるだけで、その手つきは似ているように感じられるからだ。

ともあれ、隈の「新しい」やり方はみごとにあたった。フランスや中国など海外でも使えるし(後者なら少し派手めの味つけを加えればよい)、東京で数多くのプロジェクトを抱えるようになったのである。もし『建築ＭＡＰ東京』の第三弾が制作されたら、隈研吾のひとり勝ちとでもいうべき状況が浮かびあがるはずだ。ポストモダンのときに装飾的なデザインと派手な造形で活躍した高松伸、

石井和紘、渡辺豊和らはバブルの崩壊後、やはり苦境に立たされることになった。彼らも方向性を変えて試行錯誤をおこなったが、隈研吾ほどサバイバルに成功した建築家はほかにいない。

時代の変化をたくみに読みとったのである。それはいまふうにいえば炎上しない建築をつくること。隈は『建築家、走る』（新潮社、二〇一三年）の冒頭においてこう述べている。「建築家とは自己表現を糧に生きている人種の代表と思われるかもしれません。何しろあんな巨大な作品が、一人の人間の名前を冠して、突如、街の中に出現してしまうのですから」。しかし、「『目立つ作品にしたい』といった類の利己的な思いは、どんどんと浄化されて、消えていくのを感じます」。そして「コンクリートに頼ってできた、重くて、エバった感じの建築が大嫌い」だという。「ぼくの前までの世代の、日本のエラい建築家が作った、エラい建築だけは作りたくない」。彼はいう。「日本が強かった時代の、強い建築」ではなく、「弱い日本なのだから、弱い建築を作りたい」。

急速に保守化し、出る杭は打たれる日本においてヘンにめだたないこと。ザハ・ハディドの新国立競技場案があれほどひどく攻撃され、キャンセルになったのも空気を読まない外国人による「エバった感じの建築」だからである。実際はかなり周到に環境と厳しい条件を読みこんだ設計だったと思うが、少なくともぱっと見にはわがままな建築というレッテルを貼りやすい強力なかたちをもっていたことからマスメディアの格好の餌食にされてしまった。隈はうまく立ちまわり、けっして敵をつくらない。そして施主の要望もとりいれながら、一般からの支持を受けるからこそ膨大な数の仕事が入るようになった。いまや事務所は海外にもブランチをもち、全体で数百人規模に到達し、

図９　ONE 表参道（隈研吾、2003 年）

アトリエ系の事務所というよりも組織設計事務所のようである。また事務所からは中村拓志、原田真宏、藤原徹平、岩瀬諒子などすぐれた次世代の建築家を数多く輩出している。

　具体的に東京における隈の快進撃を確認しよう。事務所のホームページから『建築ＭＡＰ東京２』以降の作品を拾っていくと隈研吾の東京建築マップが制作できるのではないかと思うような量である。実際ホームページのコンテンツを調べると、おまけとして二〇一七年に制作された「KKAA ARCHITECTURE GUIDE TOKYO」がついている。しかもランドマークとなる巨大な再開発、ゼネコンとの共同設計、ビルのファサード監修から住宅、インテリア、リノベーションまで仕事のジャンルも幅広い。全体的に民間の仕事が多く、公共建築が少ないのは現在の社会状況を反映しているが、二〇一五年に新国立競技場の再コンペで勝利したことで圧倒的な知名度を獲得し、今後は公共の仕事もふえるだろう。またその作品は東京の中心部から郊外まで広域に存在するが、東京の新しい顔となる主要な再開発にほとんど関わっている。

　二〇〇二年にＦＲＰ（繊維強化プラスチック）の素材を駆使したPLASTIC HOUSE、二〇〇三年にＯＮＥ表参道（図９）、雲のイメージをガラス面に重ねあわせたＪＲ渋谷駅改修計画、青山の梅窓院、ペンタくん多摩センター店、二〇〇四年に東雲《しののめ》キャナルコートCODAN3街区、エスコルテ青山、村井正誠記念美術館、東京農業大学「食と農」の博物館・進化生物研究所、南麻布のレストランである分《わけ》とく山《やま》、二〇〇五年に慶應大学の萬來舎継承空間、二〇〇七年にウィスキーの樽に使われたホワイトオーク材を床に再利用したサントリー美術館、東京ミッドタウンD北ウィング、ルシアン・ペラフィネ東京ミッドタウン店、鉄の家、二〇〇八年に隙間があるガラスのカーテンウォールが特徴的なティファニー銀座、二〇〇九年に根津美術館（図10）、多摩川髙島屋S・Cマロニエコート、二〇一〇年にキャピトル東急ホテル、赤城神社・パークコート神楽坂、玉川髙島屋S・C本館ファサード改修、二〇一二年に浅草文化観光センター、帝京大学小学校、二〇一三年に歌舞伎座・歌舞伎座タワー、寿月堂銀座歌舞伎座店、千鳥のシステムで積み木をおこなう表参道のサニーヒルズジャパン、吉田鉄郎による東京中央郵便局（一九三三年）にあった八角形の柱をガラスビーズの照明器具に翻案したKITTE《キッテ》、ミーレセンター表参道、京王高尾山口駅、京橋の東熱ビル、ヒューリック浅草橋ビル、二〇一四年に神楽坂の倉庫をリノベーションしたLa Kagu、東京大学大学院情報学環・ダイワユビキタス学術

図10　根津美術館（同、2009年）庭園側外観

研究館、レッドブル・ミュージック・アカデミー東京、二〇一五年に区役所とタワーマンションが合体したとしまエコミューゼタウン、二〇一六年に築地KYビル、二〇一七年に桐朋学園音楽部門仙川新キャンパス、レストランのONE@Tokyo、王子シェアハウス、ハモニカ横丁三鷹、下北沢てっちゃん、成城木下病院、二〇一八年に日本橋三越本店リニューアル、パークコート赤坂檜町ザタワー、二〇一九年に明治神宮ミュージアム、新国立競技場、渋谷スクランブルスクエア第I期（東棟）、そして二〇二〇年にはJR山手線新駅「高輪ゲートウェイ」などである。

なぜ隈のひとり勝ちなのか

東京における和風を感じさせる代表作をいくつか見よう。

東洋のすぐれた美術を展示する根津美術館のリニューアルは展示面積を一・六倍に拡張したが、大きさゆえの威圧感や和風建築がそのまま拡大されたようなおかしさが出ないようたくみにデザインしている。たとえば断面を工夫し、なるべく軒を低くしたり、軒先にシャープなエッジを設けたり、大きな面を細長い単位に分割するなど洗練された建物の見え方が徹底的に追求された。またいきなり正面ではなく、都会の喧騒から切断するために側面にある竹林と竹の壁とのあいだの細い通路を歩いてまわりこむ茶室の露地のようなアプローチもユニークである。根津美術館は那珂川町馬頭広重美術館やサントリー美術館などで追求した細い線の集積によるデザインの集大成となった。こうした手法は設備、照明、傘立て、梁などを隠すのにも効果的に使われている。なお展示室の什器、照明、デザインもディスプレイの業者に任せず、建築家が大きく関与したことが特筆される。

雷門の向かいに登場した浅草文化観光センターはゆるやかに傾斜した屋根をもつ形態、すなわち家型のパターンを縦に積んだデザインが特徴である（図11）。このモチーフは室内やリーフレットのサインにも活用された。モダニズムは家型を前近代的なものとみなして排除したが、ポストモダンの時代に伝統の記号として再評価された。その後ゼロ年代に新しい空間の体験を喚起するものとして注目されている。浅草文化観光センターも、家型を伝統木造建築の記号として使うと同時に、傾斜したラインが六階の床と五階の天井、あるいは一階と二階の空間に反映されている。隈が得意とする木のルーバーも外壁や室内で積極的に導入された。浅草文化観光センターは東京の下町において現代的に解釈された日本の伝統を表現した建築である。

図11　浅草文化観光センター（隈研吾、2012年）。左奥に東京スカイツリー

かつて一九三〇年代の日本では、九段会館（川元良一、一九三四年）のように近代的な軀体の上に瓦屋根を載せる帝冠様式があったが、浅草文化観光センターにそうした威圧するような重厚性はない。むしろ外壁をガラスとし、現代的な軽さを表現する。東京スカイツリー、スーパードライホール、浅草寺などの周辺に見えるモニュメントに対

図 12　歌舞伎座・歌舞伎座タワー（隈研吾、2013 年）

抗するよりも、それらを眺める視点をもうけつつ、透明なランドマークをねらったものだろう。これは二〇〇八年にコンペが開催され、建築界で話題になったプロジェクトだが、その際、隈はペンシルビルを評価するような「インテリのオリエンタリズム」からの脱却をめざしたという（『PLOT 06 隈研吾：建築のプロセス』ADAエディタトーキョー、二〇一五年）。つまり「インテリのフィルター」に与せず、一般の観光客にわかりやすい造形になっている。

隈の手がけた歌舞伎座（図12）は一八八九年に創設された初代から数えて五代目の建築であり、外観は吉田五十八による第四期（一九五一年）を生かしながら、岡田信一郎の三期（一九二六年）から続く桃山様式を踏襲した。そして上部に超高層ビルを建て腰巻ビル風の形式をとり、地下に東京メトロ東銀座駅と直結する木挽町《こびきちょう》広場を設けている。このプロジェクトについてもこう述べている。「隈研吾という建築家の個性を発揮するなどという余裕はまったくありませんでした。そういう困難な時代に、われわれは生きているのです」（『僕の居場所』大和書房、二〇一四年）。もっとも、歌舞伎座の部分はむかしのままといいながら、かなりの改良を施し現代のスペックにあわせている。いわば歌舞伎の俳優のごとく建物自体が襲名しており、強い作家性を出さないことが求められていた。

二〇一八年に東京ステーションギャラリーで開催された隈の個展「くまのもの」は国内外で膨大なプロジェクトを実現もしくは進行していることを紹介し、破竹の勢いを感じさせるものだったが、その展示の手法も興味深い。一般的な建築展では全体写真、平面、空間の情報をまず伝えようとするが、むしろ竹、木、紙、土、石、瓦、樹脂、膜、繊維などの素材を重視し、それを切り口に展示を構成していたからである。また原寸による部分のモックアップが多く、パーツの組みあわせや構法をわかりやすく示す。なるほど一般人にとって抽象的な空間、平面の形式、力学的な構造よりも手で触れるようなテクスチャーは理解しやすく、だからこそ幅広い層に受け入れられるのだろう。じつはこうしたデザインは、意外に思われるが藤森照信と似ていよう。両者の共通点は素材を表現の核とし、ポピュラリティを獲得していることだ。もちろん、藤森に比べると隈のほうが素材の実験に挑戦し、より化学的であり、洗練されたデザインをめざす。

東京ステーションギャラリーでは、これまで辰野金吾、前川國男、磯崎新、安藤忠雄など東大出身や東大で教鞭をとった巨匠の展示がおこなわれている。ゆえに隈もその仲間入りを果たした。実際、彼は繊細な縦格子や垂木をモチーフにした形態によって巨大さを緩和する新国立競技場を完成させたことで名実ともにナショナル・アーキテクトとなった。そしてオリンピック・イヤーには国立近代美術館で隈の個展も開催される。一九六四年の東京オリンピックのときに登場した傑作、国立代々木屋内総合競技場は東大の丹下健三が設計したが、二〇二〇年のオリンピックも東大教授の隈が活躍した。しかし作風はまるで違う。モダニズムの薫陶を受けた丹下は力強い構造によって象徴的な空間を出現させたが、ポストモダンを経てデビューした隈は、か細く弱く見えるような小さな要素の集積としてフォトジェニックな建築をデザインし、マッチョな表現を忌避することで叩かれない作品を生みだす。まさにふたりが時代の変化を反映している。

隈は二十世紀の建築が頼ってきたコンクリートを批判する（『自然な建築』岩波書店、二〇〇八年）。普遍性をもつ均一な技術によって世界を覆いつくし、場所の違いを消滅させ、建築の多様性を失うからだ。また、それはどのようにつくられているかというモノの存在のあり方を軽視する。彼によれば、人間にとっての豊かさを回復するためには生産や構法のレベルから建築を再考すべきである。そのとき素材と生活と表象が結びつき、自然な建築が生まれる。地域の素材による二十一世紀の建築をめざす彼は、とくに木を積極的に使用している。これは近年の日本の風潮ときわめて相性がよい。東京の建築家のなかで隈がひとり勝ちしている大きな理由だろう。現在、ゼネコン各社や日建設計などの組織事務所が東京のプロジェクトを独占しているなかで、個人名を冠した設計事務所で大きな存在感を示しているのは隈研吾だけである。

第4章　二〇一九年の東京湾岸と想像された未来

湾岸の憂鬱

オリンピックを控えた東京の大改造を伝えるべくNHKスペシャルの番組「東京リボーン」のシリーズが放映された。第一集「ベイエリア未来都市への挑戦」（二〇一八年十二月二十三日）は十五のオリンピック施設が集中するベイエリアに注目し、とくにバレーボール会場となる有明アリーナ（東京都財務局建築保全部ほか、二〇一九年――図1）と水泳会場となる東京アクアティクスセンター（同、二〇二〇年二月）を紹介していた。番組ではNHKの「プロジェクトX」さながらにふたつの競技場の大屋根を建設する様子をドラマティックに演出していたのが印象的だったが、正直そこまで画期的で新しい工法なのか？と思いながら鑑賞した。地上で組み立てた構築物をジャッキで引きあげるリフトアップ工法や屋根をスライドさせるトラベリング工法はすでに一般的な手法である。自重で屋根のたわみを補正するやり方も、小規模のプロジェクトなら前例がないわけではない。したがって番組が過度にすごい！と盛りあげているように感じられた。

そもそも建築工法を抜きにしてデザインを見たとき、いずれのデザインもそれほどインパクトがないことがもっとも気になっている。新国立競技場のザハ・ハディド下ろしに熱狂しているあいだに、ほかのスポーツ施設はことごとく凡庸な計画に決まっていた。パラアリーナの施設もそうである。二〇一八年六月、品川の臨海副都心にパラスポーツ専用の体育館「日本財団パラアリーナ」（JSC）が完成した。車椅子のバスケットボールなどは床を傷つけるため、練習場所の確保に苦労していたことをふまえると、選手に無償で貸し出される施設の誕生は喜ばしいニュースである。が、その報道写真に添えられた建物の外観を見て唖然とした。二〇二一年秋までの仮設とはいえ、ほんとうに急ごしらえであることがそのまま剝き出しになった外観である。つまりデザインがパラスポーツをまったく祝福していない。使い勝手はよいかもしれないが、あまりに投げやりな外観だろう。

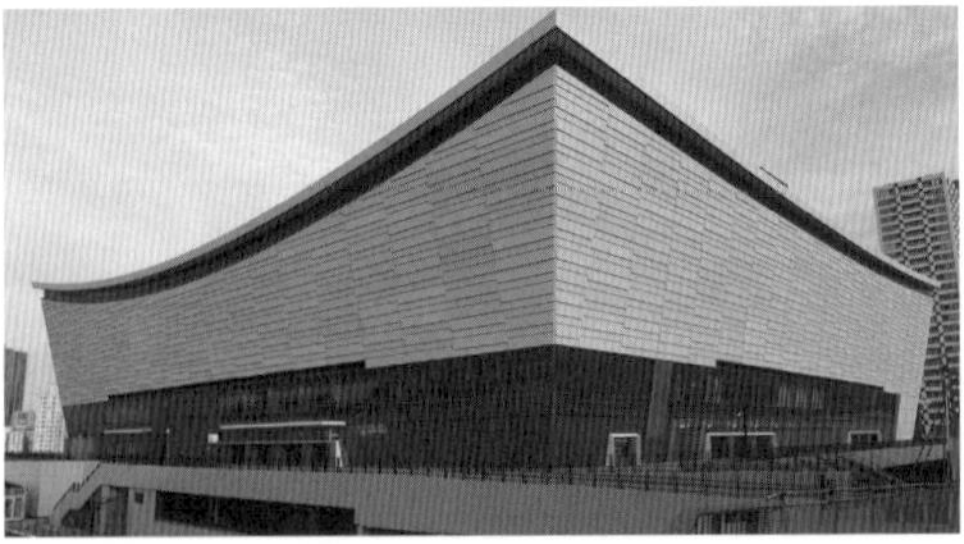

図1　有明アリーナ（東京都財務局建築保全部ほか、2019年）

二〇一八年、江東区の豊洲六丁目四―二・三街区の大規模開発を清水建設が発表した。高層の賃貸オフィスビルや豊洲エリア最大規模となる五百室超のホテルを含む総延床面積約一一万六〇〇〇平方キロメートルにおよぶ複合開発であり、二〇二一年度の竣工をめざすという。また豊洲駅前では、三井不動産による三棟のビルから構成される豊洲ベイサイドクロスが二〇二〇年度の完成予定だ。そして大和ハウス工業は豊洲新市場（日建設計、二〇一六年）に隣接する街区にホテル、医療、スポーツ施設を備えた複合ビル「Dタワー豊洲」を二〇一九年九月に完成させた。しかし、いずれのプロジェクトもふつうの箱型の建築であり、未来を感じさせるデザインではない。なお、小池知事の方針転換によってさんざんもめたあげく、ようやく建設が決まり、二〇二二年度の完成を見込む豊洲の千客万来施設（暫定施設は二〇二〇年十月オープン）は、江戸の街並みを再現したモールをつくるなど和風テーマパークのような外観と内観をもつ。おそらくめだつ施設にはなるだろうが、未来志向ではない。湾岸の埋立地に江戸の世界という後ろ向きのデザインである。また一九九九年に晴海でオープンしたヴィーナスフォート（森ビルほか）、すなわちヨーロッパ風の街並みを屋内に再現したテーマパーク型ショッピングモールは期間限定の施設として二〇一〇年に撤去される予定だったが、じつはいまも残っており、時代遅れの空間になってしまった。

「AKIRA」の二〇一九年

前述した番組「東京リボーン」は「AKIRA」（漫画連載一九八二―九〇年、アニメ版、一九八八年）に関わった大友克洋らのクリエイターを招集し、タイトル映像を制作したことが話題を呼んだ。よく知られているように「AKIRA」は翌年にオリンピックを控え、スタジアムを建設している二〇一九年の東京を舞台としたSF作品である。ゆえに現在の状況を予言したかのような設定をも

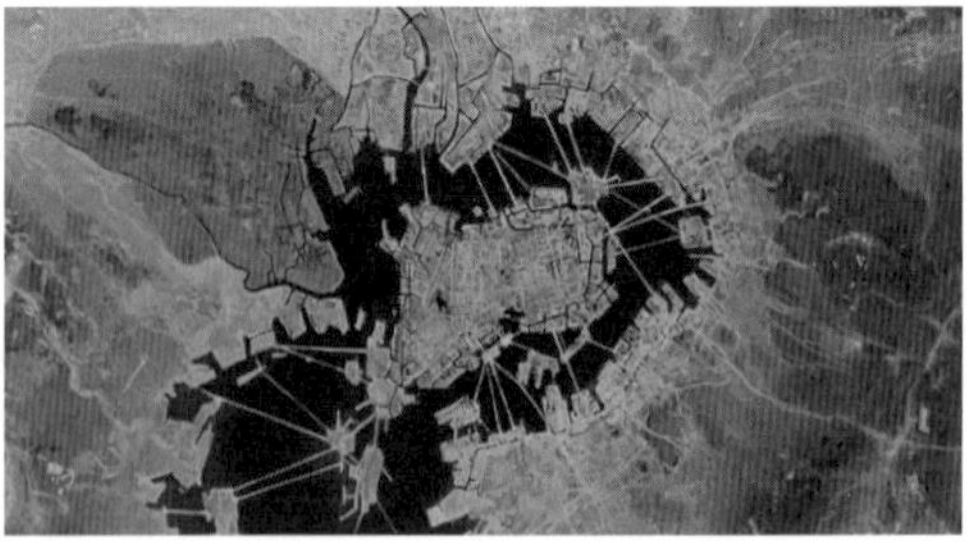

図2　アニメ版「AKIRA」（大友克洋、1988年）、湾上のネオ東京

つことをふまえて企画されたものだろう。なるほど「ＡＫＩＲＡ」を彷彿させる、若者がバイクに乗って夜の東京を疾走する映像はカッコいい。すなわち「ＡＫＩＲＡ」が描いた二〇一九年の東京と現在を重ねあわせて未来のイメージを期待させるというわけだ。しかし残念ながら、湾岸開発のプロジェクトで確認したように現実の東京は必ずしもそうなってはいない。番組によれば、敗戦後の復興と高度経済成長期に続く三度目の大改造が進行しており、東京二十三区内では大規模開発が三百三十五件も動いているという。たしかにプロジェクトの数は多い。が、それはほんとうに東京を魅力的にしているのか？

大友克洋は、番組のホームページに以下のようなコメントを寄せている。

「僕にとって東京というのは昭和のイメージがものすごく大きいんですよね。（…）

東京好きですよ。すごく好きなんです。

東京は、常に変化している。都市は生きものだから、それはしょうがないんじゃないですか。だから人々の生き方やスタイルが少しずつ変わっていくんじゃないでしょうか。

新しい東京を、新しい人たちが創っていくべきだと思います。

これが今回の番組の、テーマなんじゃないかなと思っています。昭和の残滓を全部切り捨てて、新しいものを作り上げるということ。東京はいつもそんなふうでなきゃいけないんですよ」

だが、いまの東京はほんとうにそうなっているのか。

「AKIRA」のネオ東京は一九八二年に新型爆弾が関東に投下され、第三次世界大戦が勃発した後、東京湾に建設された水上の新首都である（図2）。ゆえに大友が語ったようにリセットされたポスト・カタストロフの都市だ。が、漫画における建築の表現を飛躍的に向上させた彼の圧倒的な画力によって巨大な光球に包まれた超高層ビル群が破壊され、ふたたび廃墟となる東京が描かれる（この予言はあたってほしくないが）。湾上のネオ東京は、人口が急増し過密化が問題とされていた時代に構想された丹下健三の東京計画1960を想起させるだろう。もっとも建築家による明快な軸線に沿って水上に伸びる都市デザインに比べると、ネオ東京はほとんどの湾岸エリアを埋め立てたために膨れあがり、もっとランダムに道路のネットワークを有機的に張りめぐらせたものになっている。そして東京の旧市街ではオリンピックの会場を建設しているという設定だった。またミヤコ様の新宗教の神殿は丹下による代々木の競技場を彷彿させる。海上に都市を拡大していくウォーターフロントに対する想像力は、バブル期の東京におけるスクラップ&ビルドを憎む都市論的な視点をもつ押井守監督の映画「機動警察パトレイバー the Movie」（一九八九年）にも認められ、東京湾に浮かぶ巨大構築物「箱舟」が登場していた。

ウォーターフロントの想像力

一九五八年、日本住宅公団の総裁、加納久朗《ひさあきら》は、房総半島の山を核爆弾で粉砕し、その土砂や岩石で東京湾を埋め立てるという構想を発表している。そして海上に新首都「ヤマト」を建設するというのだ。これは原爆の平和利用のつもりかもしれないが、ある意味で核戦争後の世界を舞台とする「ＡＫＩＲＡ」よりも過激なアイデアだろう。ともあれ、加納の構想は丹下健三やメタボリズムの建築家を刺激したのではないか。たとえば菊竹清訓の海上都市１９６３（図３）は、曲線的な輪郭をもつメガフロートを連結し、その上に円筒状の高層建築が林立する。トウモロコシのように無数の居住ユニットが円筒の外壁につくのは、部分の取り外しや変化の可能性を追求したメタボリズムならではのデザインだろう。また黒川紀章の東京計画１９６１－Helix 計画（図４）は、二重螺旋の構造をもつメガストラクチャー群に暮らすプロジェクトだったが、やはり敷地として東京湾の海上を含んでいた。その後彼は一九八七年に東京計画２０２５を発表し、二十四時間活動できる情報都市を実現するために東京湾上に五百万人が暮らす新島の建設を提案している。この島の形状が細胞の形に似ているのは生物のアナロジーを用いていた黒川らしいデザインだ。

実際、鈴木俊一の都政において、東京の臨界部は近代的な物流の場から、来るべき流動的な国際社会を意識した「東京フロンティア」へと変貌する。一九九六年に予定されていた世界都市博は臨海副都心の開発を促進させるプロジェクトになるはずだったが、博覧会の中止を公約に掲げた青島幸男が都知事選に勝利したため、すでに一部の建設が始まっていたにもかかわらず白紙撤回された。その結果、伊東豊雄、山本理顕、石井和紘らのデザインは実現されなかった。とはいえ、ウォーターフロントは建築家にとって既存の文脈や周辺環境にとらわれず、新しく計画できる魅力的な白紙の人工大地であり、デザインの想像力をかきたてる場所として機能していた。丹下の東京計画１９６０以降、新しいヴィジョンが宿る可能性の敷地なのだ。

宇野求と岡河貢らの『東京計画２００１』（鹿島出版会、二〇〇一年）は、もともと一九九〇年代後半に東京湾岸における都市居住の研究と提案を「新建築」に連載した「ＴＯＫＩＯ計画１９９７」と「ＴＯＫＩＯ計画１９９８」の内容をまとめたものである。彼らは二十世紀の機能主義的

図 3（上） 菊竹清訓「海上都市 1963」
図 4（下） 黒川紀章「東京計画 1961-Helix 計画」（インポッシブル・アーキテクチャー展会場、2019 年）

な空間モデルに対して、多様で動的な空間をもつ要素をかけあわせる二十一世紀的なデザインの可能性を臨海部に見いだす。そしてコンピュータの時代の情報都市や自然と人工の新しい融合もキーワードとしつつ、百のプロジェクトを列挙している。

いくつかの事例を紹介しよう。「マルチモデュロールハウジング」は、不均等スパン×不均等な階高×空隙によって従来の団地とは異なる形態のスタディをおこなった。「ジャンクションシティ」は自動車が住居内に組みこまれた集合住宅であり、自動車の出し入れによってファサードが刻々と変化する。「プリンテッドシティ」はガラスの進化とデジタル技術を活用し、ガラスのスクリーンがうつろう街並みをつくるものだ。「バイナリータワーズ」は情報化によってオフィスと住居の境界が曖昧になり、両者が混成した高層建築である。ただしこれらのプロジェクトは等価に並べられており、東京計画１９６０とは違い、全体を統合する都市デザインは明示されていない。また非線型性や循環性を重視し、軽やかなイメージの建築が多いのも一九九〇年代の特徴だろう。

むしろ二十一世紀における丹下の継承者を自負したのは、彼が初代教授となった東京大学の都市工学科出身の建築家、八束《やつか》はじめだろう。人口集中という問題を背景にして情報化をテーマに掲げた丹下に対し、五十年後のテーマとなりうるのが世界を覆い尽くす獰猛なグローバル資本主義ととらえ、湾岸沿いに出現する線状のメガロポリス「東京計画２０１０」を提案したからだ。八束らの著作『ハイパー・デン・シティ――東京メタボリズム２』（ＩＮＡＸ出版、二〇一一年）ではアジアの都市のリサーチや少子高齢化ゆえに移民を受け入れる東京の未来予測をふまえ、臨界点をこえた超高密度都市をめざしている。すなわち一九六〇年代は地方から東京への一極集中だったのに対し、今度は海外から大量の移民が流入し、社会の階層化が進むことを想定しているのだ。したがって明るく楽観的な未来像ではない。避けられない社会の変動をもとに、ありうる現実として東京の将来を描きだしている。理想的なよき社会を提示するモダニストに対し、あえてグローバリズムを肯定する態度は、偽悪的に演じるレム・コールハースを想起させるだろう。

八束は超高密都市を実現する東京のメガ・コンパクトシティ化の条件として土地や所有制度の改革、より高層に積みあげられた人工地盤、複数の用途を備えることで相乗効果をもたらす空間の効率化、高層建築をつなぐスカイデッキによる水平交通などをあげている。プログラムから自動生成されるようなデザインゆえに美学的には類似していないが、ハイパー・メタボリズムと呼べるかもしれない。もっとも、東京湾の中心部に埋立地を増やす都市デザインではなく、海辺に沿った再開発を環状に連結するのが特徴だ。すなわち人工地盤を重ねたスラブ・シティ、壁状の構築物が並列するウォール・シティ、娯楽施設が集中するＫＩＭシティ、六〇〇メートル超のビルをスカイデッキでつなぐハイパー・インテリジェント・シティ、千葉の沿岸を想定する移民のための生産都市サウス・シティ、そして海を横断するフリーウェイ・シティである。近年ではめずらしい建築家による壮大かつＳＦ的な未来都市だが、現在の日本がここまで思いきったプランを採用する勇気はないだろう。

一方で未来の童話（？）的なヴィジョンとして、二十一世紀の初頭に早くも百年後の二十二世紀

図５　藤森照信「東京計画 2107」
（水戸芸術館「藤森照信」展、2017 年）

のヴィジョンを提示した藤森照信の東京計画２１０７（図５）があげられる。ただし細かい図面や社会状況の分析はない。不思議な模型のみがヴェネツィア・ビエンナーレ国際建築展２００６の日本館や彼の個展において示された。東京タワーがぽっきりと折れ、塔の先端が水に浸かっている。藤森の考えによれば地球温暖化によって海面が上昇し、東京が水没しているのだ。残された陸地にコンクリートやアスファルトはなく、土と緑の環境にかえっており（もし東京タワーがなければ、おそらく東京だと認識できないだろう）、丸味をおびた奇妙な白い建物が建つ。これらは木とサンゴを材料に用いており、二酸化炭素を吸収することで温暖化の対策にもなるという。ＳＦならばディストピア的な世界となりがちな設定だが、藤森らしく悲壮感はなく、ユーモラスでさえある。二十世紀の東京計画は海を埋め立て人工大地を築いていたが、逆に藤森の世界観では海が陸地を侵食し、都市が撤退していく。ともあれウォーターフロントは建築家の想像力を刺激する源泉だった。

もうひとつ、「ＡＫＩＲＡ」と同じように二〇一九年を設定し、アジア的な都市イメージを描いた有名なＳＦ映画がある。人間とレプリカント（人造人間）の境界が曖昧になった近未来の世界を描くリドリー・スコット監督の「ブレードランナー」（一九八二年）だ。フィリップ・Ｋ・ディックの原作『アンドロイドは電気羊の夢を見るか？』（一九六八年）は核戦争後のサンフランシスコをおもな舞台としていたが、アジアのイメージは混入していない。が映画版はロサンゼルスに設定を変え、しかもビルの外壁にある大きな映像スクリーンや雑踏などアジアを想起させる風景になっている（図６）。逆の言い方をすると、新宿アルタ（戸田建設、一九八〇年）や渋谷駅前のＱＦＲＯＮＴ（アール・アイ・エー、一九九九年）など東京に出現したビルの外壁にある大きなスクリーンは、映画を鑑賞した後のわれわれに「ブレードランナー」的な世界が現実の都市に出現したかのような印象をもたらした。

図６　「ブレードランナー」（リドリー・スコット、1982年）、2019年に設定された「近未来」ロサンゼルス

　伊東豊雄は「ブレードランナー」の未来像を重視し、大川端リバーシティ21のゲートに「風の卵」（一九九一年）というアルミパネルに包まれたオブジェをデザインした際、メタリックな表面に映像を投影するプロジェクターを内部に備えつけた。筆者は「風の卵」を二度訪れたことがあるが、残念ながらいずれも昼間だっ

図７　「GHOST IN THE SHELL / 攻殻機動隊」（押井守、1995 年）、香港のイメージをとりこんだ海上都市ニューポートシティ

たこともあり、実際に映像がある状態を目撃していない。二度目に訪れた二〇一九年に現存は確認したが、さすがにプロジェクターはもう機能していないだろう。もっとも建築雑誌に紹介された写真では「ブレードランナー」の一場面が映しだされていたから、映画からの影響は間違いないだろう。すなわち映画の世界観が現実のデザインにフィードバックしたのである。伊東は情報化社会や新しい身体を意識し、そのイメージを具現化することに挑戦しており、「ブレードランナー」は参照源のひとつだった。

ＳＦの歴史において「ブレードランナー」は未来都市のイメージを完全に変えた映画であり、いまだにこのパラダイムをこえる作品は登場していない。見たことがない未来ではなく、すでにどこかに存在する現実の延長としての近未来。押井守監督による香港でロケハンした「GHOST IN THE SHELL／攻殻機動隊」（一九九五年）と「中華ゴシック」をデザインのコンセプトに掲げた「イノセンス」（二〇〇四年）は、いずれも電脳や義体のテクノロジーが発達し、記憶の外装化さえも可能になった世界を見慣れた風景とともに描いている（図７）。

「GHOST IN THE SHELL」は二〇二九年の海上都市を想定し、原作の漫画では「企業のネットが星を被い、電子や光が駆けめぐっても 国家や民族が消えてなくなる程 情報化されていない近未来 アジアの一角に横たわる 奇妙な企業集合体国 日本……」と記されている。そして「イノセンス」の劇中ではこう語られた。「生命の本質が遺伝子を介して伝搬する情報だとするなら、社会や文化もまた膨大な記憶システムにほかならないし、都市は巨大な外部記憶装置ってわけだ」。実際、押井は都市という環境が人間の身体の拡張だと述べており、情報にあふれた都市的な環境は現代人の身体そのものであり、自分の記憶を外部化して他人と共有しているという。つまり記憶の集積としての都市。人間が従来の意味での人間とは異なる存在になったとき、それを補塡するかのように都市は人間的な痕跡によって埋めつくされ、ひどく汚れているのだ。

ほかにもウィリアム・ギブソンの短編小説「記憶屋ジョニイ」(一九八一年)を原作とした映画「JM」(監督ロバート・ロンゴ、一九九五年)などサイバーパンクはしばしばアジア的な都市とセットになっている。スーパーヒーローの映画「ブラックパンサー」(ライアン・クーグラー、二〇一八年)ではめずらしくアフリカ風のカラフルな未来都市が登場したが、これも非西洋のバリエーションとみなせるだろう。日本のサイバーパンク漫画「銃夢」(木城ゆきと、一九九〇—九五年)を原作とする映画「アリータ——バトル・エンジェル」(ロバート・ロドリゲス、二〇一九年)もアイアン・シティの風景はテクノ・オリエンタリズムの枠組みを踏襲しており、インドもしくは植民地化を経験したアジアのような都市である。

かつて信じられていた白くてクリーンな未来像が崩壊し、現実に存在する汚れたカオス的な都市像がＳＦにリアリティを与える舞台装置に変わった。こうしたアジアに対する西洋の想像力はテクノ・オリエンタリズムに接続するだろう。この言葉はデヴィッド・モーリーとケヴィン・ロビンスが欧米において未来テクノロジーの国として日本が表象されることを分析した論文で使われた。禅や茶道、芸者が古いステレオタイプだとすれば、経済が躍進する混沌としたポストモダン都市に住み、ネットサーフィンするサイボーグ的な身体が新しい日本人像となっていたのである。かつて上野俊哉はサイバーテクノロジーを扱うアニメの文脈からこの概念を論じたが、テクノ・オリエンタリズムは時間上の未来であるテクノロジーと空間軸上の遠さを意味するオリエンタリズムから構成された二重の他者として機能していた（『紅のメタルスーツ』紀伊國屋書店、一九九八年）。

エドワード・サイードが論じたオリエンタリズムは「東洋」と「西洋」とされるもののあいだに設けられた存在論的・認識論的区別にもとづくものであり、オリエントに対するヨーロッパの思考＝支配の様式と規定していた。が、テクノ・オリエンタリズムではアジアと未来のイメージが重ねあわせられる。さらに西洋がそのイメージを生産するだけではなく、日本がみずから同じイメージを再生産し、反復しながら世界に送り返す。「ＡＫＩＲＡ」もそうした作品のひとつだろう。だが、それから時代は変わった。誰もがスマートフォンをもち、ネットワーク・テクノロジーは遠い世界のものではなくなった。また経済大国に成長し繁栄していた日本は、バブルが崩壊した後、長く停滞している。

読者カード

みすず書房の本をご愛読いただき，まことにありがとうございます．

お求めいただいた書籍タイトル

ご購入書店は

・新刊をご案内する「パブリッシャーズ・レビュー　みすず書房の本棚」（年４回
３月・６月・９月・12月刊，無料）をご希望の方にお送りいたします．

（希望する／希望しない

★ご希望の方は下の「ご住所」欄も必ず記入してください

・「みすず書房図書目録」最新版をご希望の方にお送りいたします．

（希望する／希望しない

★ご希望の方は下の「ご住所」欄も必ず記入してください

・新刊・イベントなどをご案内する「みすず書房ニュースレター」（Eメール配信
月２回）をご希望の方にお送りいたします．

（配信を希望する／希望しない

★ご希望の方は下の「Eメール」欄も必ず記入してください

・よろしければご関心のジャンルをお知らせください．
（哲学・思想／宗教／心理／社会科学／社会ノンフィクション／
教育／歴史／文学／芸術／自然科学／医学）

（ふりがな） お名前　　　　様	〒
ご住所　　都・道・府・県　　市・区・郡	
電話　　（　　　）	
Eメール	

ご記入いただいた個人情報は正当な目的のためにのみ使用いたします．

ありがとうございました．みすず書房ウェブサイト http://www.msz.co.jp では刊行書の詳細な書誌とともに，新刊，近刊，復刊，イベントなどさまざまなご案内を掲載しています．ご注文・問い合わせにもぜひご利用ください．

郵便はがき

料金受取人払郵便

本郷局承認

3078

差出有効期間
2021年2月
28日まで

113-8790

東京都文京区
本郷2丁目20番7号

みすず書房営業部
行

通信欄

(ご意見・ご感想などお寄せください．小社ウェブサイトでご紹介させていただく場合がございます．あらかじめご了承ください．)

ロスト・トーキョー

いまや東京が失ったものはアジアに出現している。

ザハ・ハディド＋設計JVによる新国立競技場のプロジェクトはキャンセルされた。筆者が監修した「インポッシブル・アーキテクチャー」展（二〇一九―二〇年、埼玉県立近代美術館、新潟市美術館、広島市現代美術館、国立国際美術館を巡回）においてこのプロジェクトが四千枚をこえる図面を作成し、非常時の避難や建設のプロセスなどのシミュレーションもおこない、法的にも構造的にもクリアしていたことを膨大な資料とともに紹介したように、後は工事の開始を待つだけの状態だった。一方で、ソウルは市長の肝いりで彼女が設計した巨大な東大門《トンデムン》デザインプラザ（二〇一四年）を都心に実現し、新しいランドマークとなっている。また北京のオフィス（銀河SOHO、二〇一二年、望京SOHO、二〇一四年――図8）、広州の劇場（広州大劇院、二〇一〇年）、香港の大学施設（香港理工大学ジョッキークラブ・イノベーションタワー、二〇一三年）、シンガポールの集合住宅（ドリードン・コンドミニアム、二〇一五年）などアジア各地のグローバル・シティでもハディドによる各種のプロジェクトが完成しているほか、二〇一九年九

図8　望京SOHO（ザハ・ハディ、2012年）

図9　「007　スカイフォール」（サム・メンデス、2012年）、高架下をブルーにライトアップされた上海繞城高速道路

月には中国の建国七十周年を記念した北京大興国際空港がオープンした。すなわち彼女の建築は実現不可能なトンデモ・デザインではなく、むしろグローバル・スタンダードである。皮肉を込めて言うならば東京はそれを拒否するというガラパゴス的独自路線を選んだ。

日本橋の上の首都高速も撤去が決まった。一方、一九九〇年代に急激に変化した上海では都心を縦断する高架の高速道路が登場し、夜になるとブルーのライトが妖しく光る未来的な風景に遭遇する。筆者ははじめてこの夜景を目撃したとき、なるほど一九六〇年代に西洋人が東京の首都高速に驚いたのはこのような感覚だったのではないかと理解した。上海ブルーは都市の新しいアイデンティティをもたらした。実際、映画「００７　スカイフォール」（監督サム・メンデス、二〇一二年）は上海においてクラゲの映像と美しく重なりあう幻想的なブルーのイルミネーションに彩られた夜の高層オフィスビルをアクションシーンの舞台に用いている。００７のシリーズが選ぶロケ地は世界的に認知される新しい名所が多く、いわば観光客のまなざしと近い（図9）。一九九六年から始まったスパイ映画「ミッションインポッシブル」のシリーズでも上海やドバイなど近年急成長している都市をとりあげている。またハリウッド映画では巨大なマーケットとなる中国を意識し、積極的に中国人の俳優を起用したり、中国をロケ地に組みこむケースがめだち、ジャパン・パッシングの状態だ。映画「ベスト・キッド」（J・G・アヴィルドセン、一九八四年）も日系人が教える空手の物語だったが、二〇一〇年のリメイク版（ハラルド・ズワルト）は北京が舞台となり、ジャッキー・チェンがカンフーを伝授している。

「ブレードランナー」と響きあう都市空間における驚くべきスクリーンも、現在は渋谷や新宿ではなく中国に注目すべき名所が出現している。北京の世貿天階（天幕設計ジェレマイ・レールトン、二〇〇六年）では、歩行者天国の真上に長大のスクリーンになった天井が浮かぶ。なんと長さ二五〇メートル、幅三〇メートルのサイズである。したがって見上げるとこのスケール感を生かして巨大なクジラが泳ぐ映像などが楽しめるのだ。先行するラスベガスのフリーモント・ストリート・エクスペリエンス（ジョン・ジャーディ、一九九五年）もアーケード空間において四二〇メートルにおよぶスクリーンとしての天井をもつが、現在のわれわれの目からすると解像度はあまり高くない。が、商業施設に挟まれた世貿天階はきわめて鮮明な映像になっており、現実の都市と映像が同時に視界に入る体験は未来的なイメージを与えてくれる。

レム・コールハースはグローバルの時代において無個性な空間が増殖する「ジェネリック・シティ」の概念を提起し、世界中どこでも同じようなブランドの店舗が並ぶ空港をその一例にあげていた。とすれば、東京はジェネリック・シティに向かっているといえるかもしれない。あちこちの再開発で似たような店舗が入るが、ひとつ新しいものが誕生すると古い施設が時代遅れになり、都市を食いつぶしていく。また伊東豊雄、藤本壮介、石上純也、平田晃久など東京に拠点を構える日本人の建築家による前衛的な巨大プロジェクトは国内ではほとんどチャンスがなく、台湾を含むアジア各地で検討され、実現もしている。残念ながら、二十一世紀の東京はかつてそうであったような先端的な場ではなく、かといって雑然とした悪所も開発によって浄化され、もはやテクノ・オリエンタリズムの対象にはなりにくいだろう。

マンガのなかの東京

日仏友好百六十年を記念し、日本政府が主導したパリにおける「ジャポニスム2018――響きあう魂」のプログラムでは日本の文化を紹介するさまざまな展覧会やイベントが開催されたが、「MANGA⇔TOKYO」展（ラ・ヴィレット、二〇一八年十一―十二月。二〇二〇年夏に国立新美術館で帰国展を開催予定）はひときわ異彩を放っていた。なぜなら、現代アート系の企画がめだつなかでこの展覧会は日本のマンガ、アニメ、ゲーム、特撮などのサブカルチャーの作品においていかに東京が描写されたかをたどっていたからである。これは建築出身の日本文化研究者である森川嘉一郎がキュレーションを担当したものだ。彼は秋葉原の空間やコミケの雰囲気を紹介したヴェネツィア・ビエンナーレ国際建築展２００４の日本館の展示「おたく――人格＝空間＝都市」の企画や、秋葉原のオタク街化を通じて趣味が都市をつくることを唱えた著作『趣都の誕生――萌える都市アキハバラ』（幻冬舎、二〇〇三年）でも知られる。その後外国人の観光客がふえ、秋葉原ＵＤＸ（ＮＴＴ都市開発ほか、二〇〇六年）や秋葉原ダイビル（鹿島建設、二〇〇五年）など官民の開発が起き、秋葉原をとりまく状況は変化し、彼が指摘した「官」→「民」→「個」の単純な構図とは違う流れになったが、興味深いのは当初のテーマが「MANGA ⇔ TOKYO」展でも受け継がれていたことだ。

「MANGA ⇔ TOKYO」展は、まずホールの入口に到達する手前の屋外空間に巨大なアニメのポスターが幾重にも掲げられ、中央にレッドカーペットが敷かれている。そしてエントランスから内部に入ると、左右にジェンダーを分けてリトル秋葉原＝男性のおたく向けの店舗と池袋の乙女ロードに着想を得た女性のおたく向けのショップが並ぶ。これらのあいだを通り抜けると、手前が東京湾になっている千分の一スケールの超巨大な東京模型と、各地を舞台とした作品のシーンを投影する大スクリーンが出迎える（図10）。映画版「AKIRA」（大友克洋、一九八八年）、「エヴァンゲリヲン新劇場版　序」（庵野秀明、二〇〇七年）、新海誠監督の「秒速5センチメートル」（二〇〇七年）や「言の葉の庭」（二〇一三年）、いわゆるオールメディアプロジェクトの「ラブライブ！」（二〇〇〇年―）、ゲームソフトの「シュタインズ・ゲート」（二〇〇九年―）「グランツーリスモ6」（二〇一三年）、「ゴジラ」（本多猪四郎、一九五

図10　「MANGA ⇔ TOKYO」展（ラ・ヴィレット、2018年）、1/1000 東京模型と巨大スクリーン

四年）「シン・ゴジラ」（庵野秀明、二〇一六年）「3月のライオン」（原作・羽海野チカ、アニメ版監督・新房昭之、二〇一六―一八年、実写版監督・大友啓史、二〇一七年）、押井守の「機動警察パトレイバー2」（一九九三年）など都市破壊と日常生活の描写を含む十五の映像が流され、これらを一覧することで展覧会のイントロダクションとして機能していた。

以上の作品は、いずれも記号的に省略した表現で背景を用いることなく特定の場所を確実に認識できるよう正確に描写している。おそらく「ポンヌフの恋人」（レオス・カラックス、一九九一年）「アメリ」（ジャン＝ピエール・ジュネ、二〇〇一年）「ダ・ヴィンチ・コード」（ロン・ハワード、二〇〇六年）などを集めると、パリと映画でもこうした都市の展示は可能だろうが、アニメや特撮の作品などで十分に企画が成立するところが東京ならではだ。また、かつて美術作品に表象された西洋の「都市（LA VILLE）」展（ポンピドゥーセンター、一九九四年）は開催されたことはあるが、それが漫画になっていることはいかにも東京らしい表象かもしれない。なるほど実写の日本映画だと都内でロケの許可をとるのが困難であり、また予算が厳しいことからスペクタクル的なシーンを撮影しにくい。だが、アニメならば都市空間を自由に活用できる。しかも聖地巡礼のブームによって、アニメの舞台となった現実の空間にファンが訪れるツーリズムの現象が発生するようになった。ちなみに「聖地巡礼　東京都Ｔｏｋｙｏ」のホームページによれば、東京都の聖地はなんと四千五百ヵ所以上も登録されているという（https://anime-tourism.jp/r/Tokyo/）。

大スクリーンと東京模型を鑑賞した後、展示は二階に続き、歴代ゴジラを中心とした都市の破壊、関東大震災など漫画における災害の表現、遊郭など江戸を舞台とした作品（「百日紅」や「さくらん」）、明治以降の近現代の東京（「はいからさんが通る」「サクラ大戦」「あしたのジョー」「三丁目の夕日」「TO—Y」など）、しばしば登場するランドマークとして東京タワーと新都庁舎（それぞれパリのエッフェル塔とノートルダム大聖堂の形態に似ているのは興味深い）、都市生活の日常、ストリート・カルチャー（渋谷、新宿、秋葉原）、場所とキャラなどのテーマを扱う。とくに終盤は現実の空間に飛びだすキャラクターとして、「ラブライブ！」のイメージを散りばめた電車の車両や初音ミクとコラボレーションするコンビニを再現したほか、パチスロ化したアニメやお台場のガンダムを紹介し、森川節全開で立体的な展示が目を楽しませる。もっともこうした事例がふえたとはいえ、まだ一般的なものではなく（だからニュースになるのだが）、ほとんどの都市風景がキャラクター化されるような未来もすぐには想像しにくいだろう。

自閉する箱庭としての東京

ところで筆者は事前に大きな東京の模型があると聞いて、「MANGA⇔TOKYO」展でもロッテルダムで日本建築を紹介した「トータル・スケープ」展（オランダ建築博物館、二〇〇〇年）のときのようにてっきり森ビルが制作していた東京の模型を借りていると思っていた。しかし実際に訪れるとそうではなかった。もっと大きい模型を新規に制作しており、来場者の目を釘づけにしていた。森ビルの千分の一の都市模型はその精巧さにおいて卓越したジオラマになっており、六本木ヒルズ

図11　「館長 庵野秀明 特撮博物館」展（東京都現代美術館、2012年）で展示された特撮セット

でもいくどか展示されたことはあったが、サイズだけならば都心から湾岸までを含む「MANGA⇔TOKYO」展のほうがデカい。もっともこうした巨大な都市模型は中国の北京や上海、あるいはシンガポールでも制作されており、都市計画を市民に伝える施設の常設展示として公開されている。ときとしてビル内の吹き抜けを利用し、ワンフロアがまるごと模型になっており、上部のギャラリーから眺める仕掛けだ。したがって壮観な都市模型は東京の専売特許というわけではない。

が日本の場合、パブリックな施設における未来をつくる箱庭ではなく、サブカルチャーの想像力のなかで都市を壊すための箱庭になりがちだ。ウルトラマンやゴジラなどの特撮をリスペクトした「館長庵野秀明　特撮博物館――ミニチュアで見る昭和平成の技」展（東京都現代美術館、二〇一二年）でも、ぐにゃりと折れた東京タワーを含むおよそ一〇メートル四方のミニチュアの都市が再現され、フォトスポットになっていた（図11）。同展で初公開された庵野の短編映像「巨神兵東京に現わる」（二〇一二年）も、都市の破壊シーンにおいてCGではなく模型＝モノを使うことで得られる物質感が徹底して追求されている。

庵野の代表作「新世紀エヴァンゲリオン」（一九九五―九六年）の舞台となる二〇一五年の第三新

東京市は、使徒と呼ばれる謎の侵入者が出現しては箱庭的な都市を破壊した。ちなみにエヴァの操縦シミュレーションのプログラムも箱庭的だったし、シンジが都市に見立てた砂場で遊ぶ回想シーンもある。旧東京は二〇〇〇年のセカンドインパクトとその一週間後に投下された新型爆弾によって壊滅し、水没している。第三新東京市は長野の第二新東京市に代わる新しい首都として箱根付近に建造されたものだ。「AKIRA」と同様ポスト・カタストロフの世界だが、マッドマックス的な荒廃したイメージはなく、漫画版によれば第三新東京市は「コンビニの棚が埋まるくらいまでの、奇跡的な復興を遂げ」、第七次建設を終え、人々は平穏な日常を暮らしている。いわゆる未来都市でもなく、廃墟と共存するわけでもなく、少なくとも地上の生活はカタストロフ以前の世界と変わらない。

以前、筆者は第三新東京市を分析し、グリッド（一辺三〇〇メートルの街区を集積）＋風水都市（山を背に湖に面する）＋戦争都市（非常時にビルが潜り、代わりに地面から迎撃システムが出現）＋地下都市（空洞を生かしたジオフロントのネルフ本部）という異なるレイヤーを重ねあわせたデザインだと論じた（拙著『映画的建築／建築的映画』春秋社、二〇〇九年）。が、基本的に主人公たちの日常生活は緑色の公衆電話、電線や電信柱、学校や選挙カーなどのありふれたアイテムに満たされており、一九九〇年代の「終わらない日常」の感覚を反映している。二度目のオリンピックを控えた現実の東京も、一九六〇年代とは違い、もはやそれ以前と断絶するような変化は起きないだろう。ほとんどのインフラが整備され、すでに都市が成熟したことに加え、デザインが保守化しているからだ。また情報系の新しいテクノロジーがもたらす現実を物理的に可視化しにくいこともその一因である。

最後に、東京が世界の動向と切り離され究極の箱庭と化した未来を描いたSF映画を紹介しよう。曽利文彦監督のフルCGアニメ「ベクシル　2077日本鎖国」(二〇〇七年)である。プロットは以下のとおり。日本で発達した人類を延命させるバイオ・テクノロジーとロボット産業が危険視され、国連から規制を受けたことに反発し、二〇六七年に完全鎖国政策を打ちだす。その結果、人の行き来だけではなく、全土を電磁網で覆うハイテク封鎖によってあらゆる情報が遮断された。が二〇七七年、世界から孤立し、不可視になった日本にアメリカの特殊部隊が潜入し、驚くべき日本の姿が明らかになる。東京は円環状の高い壁で囲まれ、その内側はトタン屋根の露店や屋台が並ぶ敗戦直後の闇市のような雰囲気であり、金属生命体に改造された生気のない人々が住む。やはりテクノロジーによって人間らしさを失うとき、いかにも人間臭い、むかしの都市イメージが召喚される。

一方で壁の上から外部の世界を見渡すと、荒野がはるか彼方まで続く。暴走する巨大な筒状のマシーンが国土をすべて破壊し、もはや山河が消滅しているからだ。そして東京湾には、トンネルでつないだ企業の要塞である人工島が浮かぶ。これも東京計画1960のバリエーションとみなせるだろう。しかし、ガラパゴス化した東京において最後の日本人が選択する民族の自決はあまりに衝撃的なラストだった。荒唐無稽なSFであるが、たとえ部分的にでも自閉して独自路線を歩む東京の予言にならないことを願う。

第5章　ブランド建築が勃興した平成の東京

平成を代表する建築

二〇一九年春、建築の専門誌「日経アーキテクチュア」が建築分野のキーパーソン二十人からの投票をふまえ、その得票数によって「平成の十大建築」を発表した（四月十一日号）。筆者も識者のひとりとして投票したが、興味深い結果になっている。順位は以下のとおりだ。

一位　せんだいメディアテーク（伊東豊雄、二〇〇〇年）　十六票
二位　金沢21世紀美術館（SANAA、二〇〇四年）　十四票
三位　横浜港大桟橋国際客船ターミナル（foa、二〇〇二年）　七票
四位　京都駅ビル（原広司、一九九七年）　六票
四位　神奈川工科大学KAIT工房（石上純也、二〇〇八年）　六票

四位　豊島《てしま》美術館（西沢立衛、二〇一〇年）　六票
七位　関西国際空港旅客ターミナルビル（レンゾ・ピアノ、一九九四年）　五票
七位　風の丘葬祭場（槇文彦、一九九六年）　五票
七位　那珂川町馬頭広重美術館（隈研吾、二〇〇〇年）　五票
七位　東京駅丸の内駅舎保存・復原（ジェイアール東日本建築設計事務所、二〇一二年）　五票

すなわち一位と二位はダントツの票数で選ばれており、三位以下は団子状態で並んでいる。実験的な構造デザインに挑戦したせんだいメディアテークは、この施設の登場によって世界の建築界がおそらく仙台という都市の名前を覚えたから当然だろう。また金沢21世紀美術館も、日本の現代建築としてはめずらしく劇的に観光客の流れを変えることに成功した。いずれのプロジェクトも設計者が海外で活躍する重要なきっかけになったことは特筆すべきだろう。もし昭和の建築ランキングが実施されたら、丹下健三による国立代々木屋内総合競技場（一九六四年）が一位になるのではないか。いうまでもなく東京オリンピックの開催に伴い建設されたモニュメンタルなランドマークである。そして彼の名を世界に知らしめることになった。

平成（一九八九―二〇一九年）のリストにおいて注目すべきは、次々とにぎやかな再開発がおこなわれ、新しいビルが誕生している東京の建築がひとつしか選ばれていないことだ。東京スカイツリー（日建設計、二〇一二年）も東京都現代美術館（柳澤孝彦、一九九五年）も入っていない。しかもそ

の唯一の物件は新築ではなく、大正時代に完成した東京駅の保存・復原である。本書第二章「保守化する東京の景観」でもこのプロジェクトをとりあげたが、平成を代表する東京の建築とされているのだ。「日経アーキテクチュア」でも「まさかの十大建築入り！」と記されたように、三十年を振り返ったときの結果としてはやや意外に思われるかもしれない。これは専門家が選んだリストであり、六本木ヒルズ（森ビルほか、二〇〇三年）や東京ミッドタウン（スキッドモア・オーウィングス＆メリル、二〇〇七年）のように知名度の高いプロジェクトをあげる人気投票ではない。やはり建築の歴史に照らしあわせて革新性や実験性において重要と思われる作品を選んでいる。

東京建築の黄昏

ランキングに対し逆の見方をすれば、平成時代は東京以外において画期的な建築が登場したことを意味している。実際、筆者が皮膚感覚で思っていたことを裏づける結果だった。危機感をもった地方都市ではすぐれた建築が登場する一方、イケていると慢心した東京はチャレンジを避けている。明治、大正、昭和の各時代で同じアンケートをおこなえばランキングの上位はほとんど東京が独占していたはずだ。明治は片山東熊の赤坂離宮（一九〇九年）などの様式建築、大正はフランク・ロイド・ライトの帝国ホテル（一九二三年）や辰野金吾の東京駅（一九一四年）というふうに。そして昭和は槇文彦の代官山ヒルサイドテラス（一九六九—九二年）や黒川紀章の中銀カプセルタワービル（一九七二年）など東京のモダニズム、メタボリズム、ポストモダンなどがランク入りするだろう。

皮肉なのは、「平成の十大建築」を設計している事務所は二件の海外建築家をのぞくとすべて東京に拠点を構えているにもかかわらず、その代表作が地方に存在していることだ。彼らは東京では活躍する舞台がなく、地方もしくは海外で重要なプロジェクトを実施している。

二〇一〇年代に筆者が関わった展覧会でも、建築界における東京の重要度が減じている。たとえば「戦後日本住宅伝説」展（埼玉県立近代美術館ほかを巡回、二〇一四―一五年）では、丹下健三の自邸（一九五三年）、東孝光による塔の家（一九六六年）、伊東豊雄による中野本町の家（一九七六年）など一九五〇年代から七〇年代までの重要な十六の住宅をとりあげた。しかし、安藤忠雄の「住吉の長屋」（一九七六年）を含む三件をのぞいてすべて東京の住宅だった。一方で東日本大震災を経た新しい状況をふまえ、注目すべきプロジェクトをとりあげた「3・11以後の建築」展（金沢21世紀美術館ほかを巡回、二〇一四―一六年）では二件のみが東京の建築で、ほかはすべて地方都市の試みである。しかも東京の事例はいわゆるアトリエ系の仕事ではなく、岡啓輔による驚異のセルフビルド住宅「蟻鱒鳶《アリマストンビ》ル」（着工二〇〇五年）と日建設計によるNBF大崎ビル（二〇一一年）だった。いずれも場所とは関係なくテーマから選んでおり、事後的に気づいたことだが結果的に東京の重要性が減少する傾向が顕著にあらわれている。

近年、筆者がアジアの都市を訪れると注目すべき現代建築が次々にふえており、かつての東京がもっていたであろう凄まじい勢いを感じさせられる。二十一世紀に入ってから世界でもっとも重要なふたりの建築家、すなわちレム・コールハース率いるOMAは北京、ソウル、台北、バンコク、そしてザハ・ハディドも北京、広州、ソウル、シンガポール、香港などで大型のプロジェクトを手がけた。しかし、東京ではいずれの建築家も小さな店舗しか実現していない。ようやく二〇二三年にOMAニューヨークが手がける超高層ビル、虎ノ門ヒルズステーションタワーが完成する予定だ。ノーマン・フォスター、ヘルツォーク&ド・ムーロン、ダニエル・リベスキンド、ジャン・ヌーヴェル、ドミニク・ペロー、マリオ・ボッタ、アルヴァロ・シザ、スティーブン・ホール、MVRDV、メカノー、コープ・ヒンメルブラウ、マッシミリアーノ・フクサスらの話題作もアジア各地のグローバル・シティで登場している。が東京ではバブルの崩壊後、こうした海外の有名建築家によるプロジェクトが激減し、今世紀はほとんどめだつプロジェクトがなくなった。

また前述したように日本の建築家も、アジアでは伊東豊雄が台中国立歌劇院（二〇一六年）、高雄国家体育場（ワールドゲームズ・スタジアム、二〇〇九年）、坂茂《ばん》が台南市美術館2館（二〇一九年）、磯崎新が上海征大ヒマラヤ芸術センター（二〇一〇年）や深圳の文化センター（二〇〇七年）、山本理顕が巨大な天津図書館（二〇一二年）などを設計し、いずれも都市のランドマークになっている。結局、中止になったものを含むと、藤本壮介や石上純也など次世代の建築家にもビッグプロジェクトが依頼されたり、平田晃久もついに台湾の国際コンペで一位になった（新竹市図書館設計コンペ、二〇一九年）。が、東京ではそうした次世代を担う建築家にチャンスすら与えなくなっている。実際、筆者はブリタニカの国際年鑑において二〇一三年度の日本版から「建築」の項目を毎年執筆しているが、世界レベルの建築の動向から東京でとりあげるべきプロジェクトがほとんどない。代わりにアジアの現代建築がめだつようになり、むしろ東京ではザハ・ハディドの新国立競技場案をキャンセルしたネガティブな案件のみが重要なトピックだった。

めずらしいアイコン建築のビル

東京の現代建築が革新性を失った理由のひとつは、バブル期にはさかんだった公共建築や新規参入を許容するコンペが減少したことがあげられるだろう。公共のプロジェクトであれば賃貸の集合住宅は岐阜の県営住宅ハイタウン北方（妹島和世、高橋晶子ほか、一九九八―二〇〇〇年）のように建築家によって画期的なプランなどが提案されるが、民間の分譲マンションは購入者が資産として所有することから実験的な提案がむずかしい。かりに建築家が関わるとしても、商品となる内部の空間に手は出せず、外観のパッケージ・デザインのみとなる。また公共施設のコンペは有効に機能すれば、すぐれた若手の建築家を発掘したり、前例がない実験的な建築を実現するチャンスとなる。だが、成熟した東京ではそうした新しい施設の需要が減り、また一九九〇年代以降はコンペに参加するハードルが高くなった。すなわち実績がある設計事務所しか応募できないような状況では、すでに活躍している建築家か、会社として多くの仕事を常時抱えている大手の設計組織しか参加できない。しかも特定の施設をしばらくやっていないと、その実績がリセットされる。このままいくと将来は後者だけになるだろう。

一方で民間のプロジェクトも、みずから会社を立ちあげた創業者社長よりも既存の組織のなかで出世するサラリーマン社長がふえ、冒険するよりも失敗を恐れるようになった。その結果、経済性やリスクの回避が重視され、話題の再開発でもビジネススーツ・ビルディングばかりが増殖している。たしかに六本木ヒルズ、東京ミッドタウン、赤坂サカス（久米設計、二〇〇八年）、虎ノ門ヒルズ（日本設計ほか、二〇一四年―）などの巨大開発のほか規制緩和によるタワーマンションのプロジェクトが続き、一見、東京の状況は華やかではある。だが、ほとんどの高層ビルは強い個性がなく、街の顔となりえていない。もちろんアジアの都市と比べると、国民性として日本ではめだつものがバッシングされやすいという炎上対策があるのかもしれない。サムスンのグループはヌーヴェル、ボッタ、OMAが各棟を担当したソウルのサムスン美術館リウム（二〇〇四年）をはじめとして海外の著名建築家に依頼し、注目すべき建築を次々に実現しているが、もはやそうした気概のある企業が日本にはない。なるほどIT関係の企業では若い社長も登場しているが、建築や文化にはあまり関心がなく、ロケットを打ちあげたり、SNSを通じて一億円をばらまくといった別の方面に情熱を注いでいる。

東京でアイコン建築といえるビルは新宿西口のコクーンタワー（二〇〇八年）ぐらいだろう。もちろん高さという点ではトップではないが、乗降客数が世界でいちばん多い繁華街の駅前という立地のよさとユニークな形態ゆえに建設途中からめだち、日本ではめずらしいドバイ型のアイコン建築として記憶に残る風景を生みだした。

しかし、なぜこれが可能になったのか。二〇〇八年、名古屋の駅前に登場し、その名のとおり全体が天に向かって螺旋状に旋回していく造形をもつ印象的なスパイラルタワーズ（日建設計）と同様、モード学園が施主になっていることがその理由だろう。いずれのプロジェクトでも指名コンペをおこない、学長がみずから惚れこんだデザインを実施案として選んでいる。とくにスパイラルタワーズの設計プロセスでは、日建設計がこれはむずかしいだろうと考えていたもっとも大胆なデザインが実現にいたった。またテナントにフロアを貸すオフィスビルではなく、基本的にモード学園の系列の学校がすべて入るという前提ゆえに、三階にひとつしか止まらないという独特のエレベータのシステムを導入するなど（学生だから階段を使えばよい）思いきったデザインが可能となった。

皮膜をデザインする商業建築

建築のクオリティにこだわるならば、銀座や表参道の変貌は特筆すべきだろう。現代建築のショーケースのような様相を呈しているからだ。同じく資本主義の空間でありながら、高層ビルが保守化したのに対し、東京におけるファッションと商業の中心地だけにブランドの旗艦店が多く、前衛的なデザインに挑戦している。たとえばプリツカー賞の受賞者に限定しても、レンゾ・ピアノの銀座メゾンエルメス（二〇〇一年）、伊東豊雄のMIKIMOTO Ginza 2（二〇〇五年──図1）、坂茂《ばん》のニコラス・G・ハイエックセンター（二〇〇七年──図2）があげられる。もちろん、これまでにも銀座では洋風の和光（渡辺仁《じん》、一九三二年）、芦原義信によるソニービル（一九六六年）、円筒がめだつ日建設計（林昌二）の三愛ドリームセンター（一九六三年）など近代以降、角地に印象的なランドマークがつくられた。が松屋銀座店（二〇〇〇年、改装二〇一三年）や並木通り店（二〇〇四年）など青木淳による一連のルイ・ヴィトンにおいて市松模様のパターンをさまざまに展開した外装が成功し、二十一世紀の初頭は建築家とブランドが急速に接近するようになった。

青木淳が提案したデザインの手法は世界各地のルイ・ヴィトンでも用いられている。ルイ・ヴィトン銀座並木通り店の場合は既存のビルを増改築したリノベーションだが、インテリアは別のデザイナーが担当するために青木はファサードのみを設計した（図3）。彼は同じ通りの高級店が石をよく使うことを意識し、石灰岩の雰囲気をもつGRC（ガラス繊維強化セメント）のパネルによって建物全体を包む。その結果、大きな石のような面が立ち上がり、そこに光を透過する白い大理石が

図1（上） MIKIMOTO Ginza 2（伊東豊雄、2005年）
図2（下） ニコラス・G・ハイエックセンター（坂茂、2007年）

図3 ルイ・ヴィトン銀座並木通り店（青木淳、2004年）

象嵌された。夜になると内側に仕込んだ照明は一〇〇パーセントから二〇パーセントの幅で明度が変化し、ほのかに壁が光りだす。しかも切り絵のような幻想的なスクリーンは周囲のビルの醜い看板やネオンの夜景と不思議な連続性をもつ。大理石には二センチ、六センチ、一五センチ、一メートル角という四つの大きさの正方形があり、透明な窓に混ざってランダムに配置されている。小さな光の粒が集まると、壁には大きな正方形が浮かぶ。また精度が高い仕事であるにもかかわらず、わざと正方形を少し傾けたり角をまるくして暖かみのある手づくりの感じが演出されている。

近代建築の理想は外部の形態が内部の機能をそのまま表現することだった。しかし、ポストモダンの建築家ロバート・ヴェンチューリは看板の記号的な性質を重視し、「装飾された小屋」の概念を唱えた。つまり機能的な箱型の建物（＝小屋）と、それと分離したサイン（＝装飾）である。だが青木の建築は、箱とサインをふたたび融合しつつ内部を隠す。窓や大理石の不規則な配置も、どこが何階なのかをわかりにくくしている。つまり本体を包むことで内部の空間を想像させ、神秘的な価値を高めているのだ。

銀座の中央通りにあった小さなランバンブティック銀座店（二〇〇四年、閉店二〇一三年）は、限事務所出身の中村拓志が実質的なデビュー作として設計したものだ。創業者のジャンヌ・ランバンが住む現代の家をイメージしてほしいという依頼を受けて、中村は道路に面するビルの一階に家型のフレームを挿入した。特徴はサイズの異なる小さなまるい開口部が無数に空いていること。閉じた壁か透明な全面ガラスかではなく、多孔質な鉄の面という第三のファサードなのだ。店内の床には光が漏れることで美しい水玉模様を投影し、夜になるときらきら輝く星を散りばめたような外観に変化する（図4）。ファサードのデザインは高度に精密な技術によって実現された。すなわち三千個の穴に対応した鋼管を二枚の鉄板でサンドイッチ状に溶接し、穴と同じ内径のアクリルを嵌めこむ（図5）。彼はシールや接着剤を使うことを嫌い、特殊な構法が開発された。まず、アクリルを凍らせて縮めてから穴に入れ、やがて常温に戻って膨張すると完全に密着する。つまり素材の特性を生かし、最小限の要素だけで成立したデザインだ。

図4　ランバンブティック銀座店（中村拓志、2004年）

これらの店舗はまるごとの新築ではない。あくまでもビルの改築だ。ゆえに実験性の面では限界がある。とはいえ、そのデザインはきわめて建築的な手続きをふまえており、リノベーションが重要になった平成の時代らしいプロジェクトといえる。またネットの環境によって非物質化が進むなか、消費の聖地における店舗デザインはその場でしか体験できない空間を演出し、ブランドのイメージを高めようとしているのは興味深い。

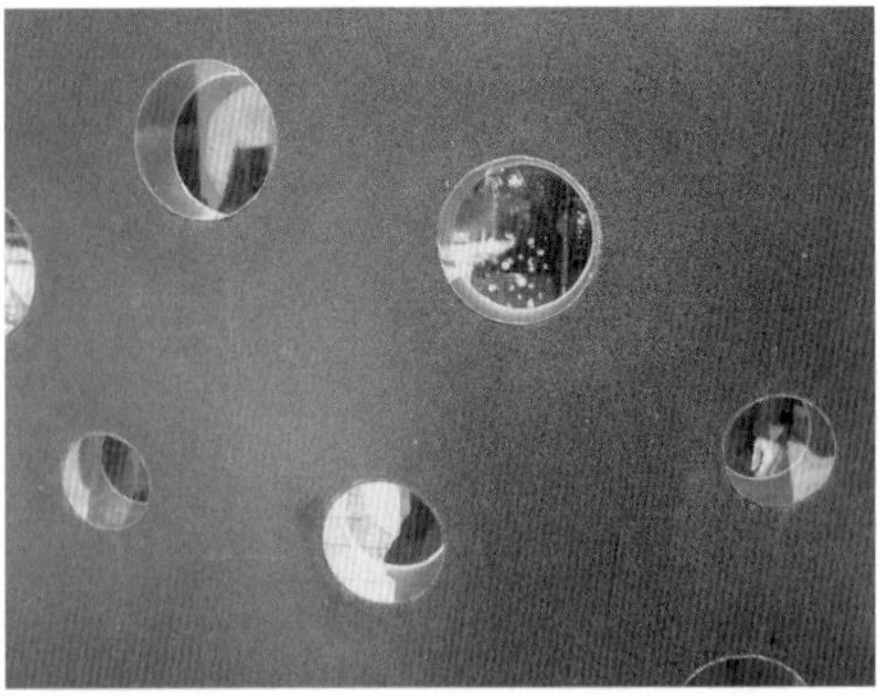
図5　ランバンブティック銀座店、ファサード開口部

ブランド建築のテーマパークとしての銀座

バブル経済が弾け、公共施設が減少しても銀座の建築は元気である。それはブランドが日本を重要なマーケットの場と考えているからだ。たとえ景気が冷えこんでもルイ・ヴィトン・ジャパン・グループの売りあげは順調に伸びており、世界における日本法人のシェアは三分の一に到達しているようにずば抜けて大きい。また日本人女性の高級ブランドのグッズ所有率は五割をこえており、他人との差別化ではなく、みんなと同化するアイテムとして消費されている。また百貨店に入った店舗ではなく、青木淳が手がけたルイ・ヴィトン名古屋栄店（一九九九年）の成功によって独立した路面店舗が急増した。きっかけは東京ではない。ともあれブランド信仰のカテドラルが繁華街の店舗である。また中国人の爆買いに象徴され

るようにアジアからの観光客も無視できない。実際、銀座を歩くとあちこちから外国語が耳に入るようになったし、そうした顧客層を強く意識し空港型免税店のフロアを設けた日建設計による東急プラザ銀座（二〇一六年）も誕生した。

平成の時代に銀座に登場した商業建築を列挙しよう。妹島和世のオペーク銀座（改修一九九八年、解体二〇一七年）は半透明のファサードが目を引いた。リカルド・ボフィルらが担当した東京銀座資生堂ビル（二〇〇一年）は地下の展示室において先端的な現代アートの情報発信を継続している。乾久美子が設計したディオール銀座（二〇〇四年）はオプアート的な視覚の効果をもたらす二重のドットパターンをもつ外壁がポイントだ（図6）。二十一世紀は加速度的にふえ、クライン・ダイサム・アーキテクツのユニクロ銀座（二〇〇五年）、森田恭通のオーデマ・ピゲ・ブティック銀座（二〇〇五年）など個性的な建築はブランドの広告として機能している。ジェイムス・カーペンターらによるグッチ銀座（二〇〇六年）はブロンドの吊りガラス、日建設計＋安田アトリエのポーラ銀座ビル（二〇〇九年）は細胞をイメージさせる可動パネル、乾のTASAKI銀座本店（二〇一〇年）は全面的に改装し、異なる窓枠を集合

図6　ディオール銀座（乾久美子、2004年）

図7　TASAKI 銀座本店
（乾久美子、2010年）

させたファサード（図7）、竹中工務店の資生堂銀座ビル（二〇一三年）は唐草模様のように連続するアルミのレース、光井純らのKIRARITO GINZA（二〇一四年）は屏風状のカーテンウォールを特徴としている。TNAの銀座夏野Rblg（二〇一七年）は格子状の構造体と二重螺旋を組みあわせた。ピーター・マリノが改装したシャネル銀座（二〇一七年）はグラフィカルな壁面をもつ。そして二〇一九年にはUDSが企画設計に入り、ホテルも備えた無印良品銀座がオープンし、話題になった。また隈研吾はADK松竹スクエア（二〇〇二年）や歌舞伎座タワー（二〇一三年）のほかダイアモンドのカットに触発され、傾いた小さなパネル群のあるティファニー銀座（二〇〇八年）を手がけた。

　これらのプロジェクトに共通するのは以下の点である。構造的にむずかしい変わった造形ではなく、単純な直方体が多いこと。短冊型の敷地を精いっぱい活用した結果だろう。東京では表参道・青山のエリアでも建築家によるブランド店舗はふえているが、形態は銀座のほうがシンプルだ。また商業施設ゆえに人の動きに関係するプランやインテリアはあまり冒険せず、外装を包む表層の部分に実験的なデザインが許されている。ここでユニークな方法によって特徴的な素材を使うことで高級感を演出しているのだ。現代建築のカタログになった銀座では建築の顔＝ファサードに対する化粧と装飾が見どころなのである。

GINZA SIXとソニーパーク

最後に銀座の変化を示し、話題になった近年の民間プロジェクトをふたつとりあげよう。GINZA SIXとソニーパークである。平成時代は従来の百貨店が立ちいかなくなり、日本各地の都市で老舗が閉店するなど大きな曲がり角を迎えた。一方でソニービルは通常とは異なる建て替えのプロセスをデザインし、公共的な空間を都市に提供している。

大正以降の長い歴史をもつ松坂屋銀座店も二〇一三年に惜しまれつつ閉店し、その跡地で二〇一七年にGINZA SIXがオープンした。これは館内に散りばめた現代アートもさることながら、建築的にも興味深い。まず内部に入ると、いきなりエスカレータで来場者を上げて、大きな吹き抜けが広がる基準のフロアが二階になっていること。通常の百貨店は一階にもっとも重要な女性向けのブランドの店舗を並べるだろう。その代わりにGINZA SIXは六つの有名ブランド店を、百貨店の内部からではなく正面の中央通りから直接入れるよう組みこみ、まるで独立した路面店舗のごとく見せている。たとえばローマを拠点とし、ムッソリーニ時代の有名な近代建築であるイタリア文明宮殿を本社ビルにしていることから、そのデザインをイメージしたアーチを反復する個性的な外観のFENDIを角地に置く（図8）。

図 8　GINZA SIX（谷口吉生、2017 年）。角が FENDI

また基準フロアをもちあげることで、二街区にまたがる巨大な建築でありながら地上レベルでは南北を走るあづま通りがトンネルのように貫通し、街に対して徒歩や自動車の通り抜けを提供したり、駐車場への引きこみを兼ねる。ほかにも建物の背面に海外のお客を運ぶ観光バスの乗降所、屋上に大きな開放的な庭園をつくるなど規模が大きい再開発だからこそ可能な都市スケールに介入する空間の仕掛けが施された。東急プラザの銀座店や表参道原宿店（中村拓志、二〇一二年）もエスカレータを導入し、基準階を上部に設定したり、京橋の東京スクエアガーデン（日建設計、日本設計、二〇一三年）も建物内を通路が貫通するなど近年こうしたデザインの手法は登場しており、GINZA SIX はその集大成のようなプロジェクトだ。これに美術館建築の名手である谷口吉生が外観や基本設計に関わったことで、繊細さと大胆さをもつデザインを獲得した。

ほかの商業施設にはない GINZA SIX の特徴は、地下三階に観世能楽堂を入れたことだろう。これは松濤から移築したものだが、さらに過去をたどると、江戸時代は銀座周辺にあったものだから里帰りになる。今回は席数を少し減らし、座席をゆったりさせつつも見やすい正面席はふえ、細長い平面に変わった。多目的ホールの使用も想定し、天井から吊った本舞台の屋根は隅の目付柱がとりはずせる。また災害時には帰宅困難者を千人受け入れられるよう備蓄も用意された。そうした意味で現代の能楽堂である。

二〇一八年、数寄屋橋交差点の風景が一変した。約半世紀ランドマークとして親しまれたソニービルが解体され、その背後にある銀座メゾンエルメスの美しいガラスブロックの大きな壁がよく見えるようになったからだ（図9）。驚くべきなのは地価が日本一高い銀座においてビルの跡地を二〇二〇年秋までの期間限定の「公園」に見立て、空いた場所に植栽を施し、すぐに新築工事に入らなかったことだろう。すなわち遅延されたスクラップ&ビルドであり、解体と建設のあいだに特殊な段階を差しこんでいる。興味深いのはビルを完全に解体したわけではなく、地上はかつての空間構造を少しだけ残し、地下部分は床を切断して吹き抜けをつくるなど減築によるリノベーションを試みていたことだ。ゆえにかつて角地に存在した建物の痕跡があちこちに残っており、現代の遺跡を活用したような空間体験を味わえる。ソニービルのクロージングイベントでも「It's a SONY」展（二〇一六年）が開催され、会社の製

図9　ソニーパーク（2018年）。左手銀座メゾンエルメス

品と建築の歴史を振り返っていたが、ソニーパークはいま一度消えていく名建築にリスペクトを示している。

ゴードン・マッタ＝クラークやChim↑Pomなどのアーティストが建築を切断したり、パリのパレ・ド・トーキョーのように、ヨーロッパで廃墟をカッコいい文化施設として再生させる事例などと比べると、ソニーパークはそこまでラディカルではない。当然ソニーパークは民間企業がブランドのイメージをよくすることを意識している。とはいえ、地上や地下四階までの空間に店舗を詰めこまず、あえて余白を残しつつ公共的な場を銀座に提供しており、東京としては思いきったプロジェクトだ。また夏に大水槽を設置するなど都市空間のさまざまな使い方を実験している。なお設計と企画にはソニーの社員のほか建築家、建築史家、編集者、キュレーターが関わった。

平成の時代に東京の公共建築は弱体化した。むしろ少子高齢化、都心の空洞化などを危惧している地方都市にこそ変化を起こすべく先駆的な公共建築が誕生している。一方でいまも巨額の資本が投下される東京では、民間のプロジェクトに注目すべきデザインが登場するようになった。とりわけ有名な建築家が手がけるブランド店舗の勃興はこれまでにない新しい現象である。基本的に建築界では利那的な商業施設よりも公共建築のほうが重要だと考えられてきた。実際、歴史的に重要なプロジェクトは後者に多い。だが、少なくとも平成の東京建築はブランド店舗がデザインを牽引するという未曾有の状況をもたらした。表参道から青山にかけての街並みもうひとつの震源地となり、大きく風景が変化している。そこで次章はこのエリアから議論を続けよう。

第6章　変貌する表参道と安藤忠雄

建築文化を発信する聖地

二十一世紀に入り、表参道から青山にかけてのエリアは第一線で活躍する建築家の作品が次々と登場し、銀座と同様、世界有数のスーパーブランド・ストリートに変貌した。たとえば一九九九年にイギリスのフューチャー・システムズが関わり、三次元曲面のガラスに青いドットシールを張ったコム・デ・ギャルソン青山店、二〇〇二年にトランクをランダムに積んだような青木淳のルイ・ヴィトン表参道ビル（図1）、二〇〇三年に木のルーバーが並ぶ隈研吾のONE表参道ビル、透明なアクリルの皮膜がうねるSANAA（妹島和世＋西沢立衛）のディオール表参道（図2）、そして二〇〇四年にケヤキ並木と呼応する樹木のパターンが構造を兼ねる伊東豊雄のトッズ表参道ビル（図3）である。つまりファッションの街が建築の流行も発信するようになった。

とりわけ二〇〇三年六月にオープンしたプラダ・ブティック青山店（図4・5）は、北京オリンピックの印象的なメインスタジアム、鳥の巣（北京国家体育場、二〇〇八年）の設計などで知られるスイスの建築家ヘルツォーク&ド・ムーロンによる日本初となる作品として話題を呼んだ。プラダにとっても日本初の大型旗艦店である。これは商業施設としてはめずらしく、国内では最高峰の日本建築学会賞（作品）も受賞している。実際、外タレの建築家が異国で適当にこなしたプロジェクトではなく、本気でとりくんだデザインだった。つまり、なめられていないのである。日本側で設計に共同した竹中工務店によれば、彼らは日本の法規を知らないからこそ大胆な提案をおこない、それを実現するためにゼネコンの技術者がさまざまな努力をしたという。なるほど日本人ならば建築基準法を知っており、前衛的なデザインをやろうとしても無意識のうちにブレーキがかかってい

図1（上）　ルイ・ヴィトン表参道店（青木淳、2002年）
図2（下）　ディオール表参道（SANNA、2003年）

るかもしれない。外壁には設計者の名を刻んだガラスがある。日本ではあまり明記されないが、それだけ彼らのデザインがリスペクトされているのだろう。

カットされたクリスタルのようなビルは、きわめてよくめだつ未来的なイメージの外観である。尖った造形だが、これは斜線制限の法律に従って決定されたラインだという。しかも外壁と屋根を区別することなく外皮の全面をガラスが包み、内部が丸見えである。ヘルツォークらはもともと表層のデザインを得意とするが、プラダでは構造体を兼ねる菱形の格子に三種類の特殊につくられたガラスを嵌めこむ。とくにレンズのように膨らんだ曲面ガラスはランダムに配され、ビルの表情に変化を与える。これを通すと内外の風景も歪んで見えるのだ。そしてビルの横には人工的な地形を

図3（上）　トッズ表参道ビル
（伊東豊雄、2004年）
図4（下）　プラダ・ブティック青山店
（ヘルツォーク＆デ・ムーロン、2003年）

図5　プラダ・ブティック青山店。プラザ側から見る

与えた広場として「プラザ」を置く。つまり敷地いっぱいに背の低い建物をつくらず、ぎゅっとしぼって高いビルを提案することでまわりにヨーロッパ風のオープンスペースを確保している。

通常、建築家がブランドの店舗を担当してもすべてをコントロールできるわけではなく、内部はインハウスのデザイナーが担当するため手を出せない。しかし、プラダ青山店では表層、構造、インテリアのすべてをトータルにデザインしたことが特筆される。ゆえに内部もふつうではない。積層するフロアを垂直のエレベータコアが貫き、さらにフロアの一部が水平のチューブのように膨らむ。フロアを区切る壁はないのだが、チューブの断面は菱形になっており、その内部を試着室などに使う。すなわち洞窟のような空間が浮いている。展示のデザインも興味深い。たとえば握り寿司を並べる台や薬のカプセルに着想を得て独自のディスプレイ装置も設計している。なお、後にヘルツォークらはすぐ近くでミュウミュウ青山店（二〇一五年）も手がけた。

二〇〇七年にはオランダの建築家MVRDVが手がけた、各フロアがズレて飛びだすGYRE（ジャイル――図6）、そして二〇一三年には小規模ながらOMAによるコーチ表参道が誕生した。こうした建築ブームを反映し、『表参道を歩いてわかる現代建築』（米田明ほか、大和書房、二〇一四年）というエリア限定の建築ガイドが刊行され、あとがきでは「なぜ表参道が対象の敷地として選ばれているのでしょうか？　一つには、建築の設計を専門とする人ならば必ず訪れる、まさに日本を代表する建築巡礼の地として広く世界に認知されているという事実があります」と記している。同じくブランド建築がふえた銀座と比べて表参道のほうが前衛的なのだ。

図6　GYRE（MVRDV、2007年）

もっとも、スターのみならず当時の若手建築家も関与している。ラフォーレ原宿の改装（二〇〇一年）ではクライン・ダイサム・アーキテクツを起用した。また明治通りと表参道の交差点に出現した東急プラザ表参道原宿（二〇一二年）は隈事務所出身の中村拓志が設計したものである。近くの裏原宿やキャットストリートの遊歩道では阿部仁史や手塚建築研究所の作品もつくられた。すぐれた建築が次々と新しい建築の出現を誘発している。『ＴＯＫＹＯインテリアツアー』（浅子佳英、安藤僚子、ＬＩＸＩＬ出版、二〇一六年）によれば、かつての渋谷川を暗渠化したキャットストリートは蛇行し、自動車が通り抜けられないことから歩行者天国のような状態になり、ショッピングモール的な構造を獲得しているという。

両サイドに目的となる大型店舗を置き、そのあいだの線上に小さな店舗を並べて歩かせるシステムが自然に発生しているからだ。現在、都心の大型再開発でも郊外的なショッピングモールの空間モデルが侵食しているが、これは興味深い指摘である。ともあれ、表参道では次世代の建築の実験的なデザインも導入していることが評価できるだろう。

東京における安藤忠雄

二〇〇六年二月、安藤忠雄による巨大な商業施設、表参道ヒルズがオープンした。その規模から考えて表参道における一連の流れの決定打であり、ラスボス的な存在だろう。彼はそもそも大阪の建築家として知られ、住吉の長屋（一九七六年）や光の教会（一九八九年）などその代表作は関西に集中していたが、一九九七年から二〇〇三年まで東京大学で教鞭をとり、東京で多くの仕事を手がけるようになった。とくに二〇〇三年四月にスタートした東京ステーションギャラリーで開催された安藤忠雄展「再生——環境と建築」は神戸、パリ、ニューヨーク、直島など六つの場所をとりあげているが、トップを東京とし、新しく東京のプロジェクトがふえたことを象徴する内容だった。東京の個展であり、カタログでも最初に「同潤会青山アパート建替計画」が掲載されている（まだ表参道ヒルズの名前が決まっていなかった）。そこで東京における安藤建築を確認しておこう。

『建築MAP東京』（一九九四年）では、安藤の作品は青山のコレッツィオーネ（一九八九年）のわずか一件しか掲載されていない。これは見学者が殺到することを恐れて住宅作品は掲載が許可されなかったことも一因だが、それでも多いとはいえなかった。が二十一世紀に入り、上野の国際こども図書館（二〇〇二年）、シティハウス仙川（二〇〇四年）、原宿のhhstyle（二〇〇五年）、東京ミッドタウンの21_21《トゥーワン》デザインサイト（二〇〇七年——図7）、東急大井町線上野毛駅（二〇一一年）など立て続けにプロジェクトを実現している。とくに二〇〇八年は東急東横線・東京メトロ副都心線渋谷駅が六月に開通し、東京大学情報学環・福武ホールが四月に竣工した。形態の特徴を記述すれば前者は卵、後者は線の建築である。両者に共通する点は全貌を剥き出しにせず、使い手に見えない空間を想像させていることだ。

図7　21_21 デザインサイト（安藤忠雄、2007 年）

　渋谷駅では全長約八〇メートル、幅約二四メートルの卵型の空間をくりぬいたかのような「地宙船」（図8）を埋めこんだ。迷路のような地下空間において自分の位置を確認できる隠れたランドマークである。しかも、地下二階から五階のホームまで続く吹き抜けが広がる。かくして電車の排熱をうながし、冷たい外気をとりいれ、機械に頼らない自然換気をおこなう。大江戸線やみなとみらい線などの例外を除くと、日本の地下鉄に建築家が関与することはほとんどない。できたとしても装飾的なレベルにとどまるが、ここではダイナミックに展開する立体的な空間を実現した。なお卵型の空間は、

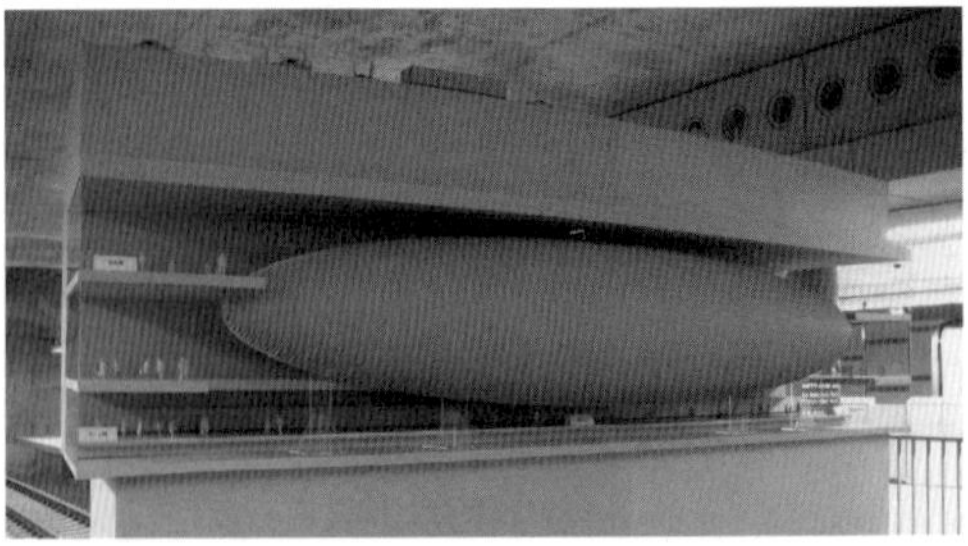

図8 渋谷駅ホームの「地宙船」模型（安藤忠雄、2008年）

安藤による大阪の中之島公会堂の改造計画（一九八八年）でも提案されたものである。つまり彼の温めたモチーフが東京の地下で花開いたのだ。

研究施設やカフェを備えた福武ホール（図9）は本郷通りに沿って赤門と正門のあいだの長細い敷地につくられ、およそ九五×一五メートルのヴォリュームをもつ。東大の図書館（内田祥三《よしかず》、野田俊彦、一九二八年）と対峙する前面の長い壁には中央を水平に鋭く切り裂く一直線のスリットが走り、緊張感をかもしだす。逆に内側から壁の隙間を眺めるとキャンパスが極細のフレームで切りとられ、いつもとは違ったかたちで風景が見える。また福武ホールは半分を地下に沈め、周囲への威圧感を減らす。地下二階のホールに続くオープンスペースは大地をえぐる階段状の空間になっており、若き日の安藤が旅先で経験したインドの階段井戸のイメージも投影されている。東京大学はすでに歴史的な建造物に彩られているが、環境への配慮と強い造形の意志をもった安藤建築によって、さらに新しい魅力を増やしている。

二〇一〇年代の東京が隈研吾の時代だとすれば、二〇〇〇年代は安藤の時代だったといえるだろう。そして表参道ヒルズは安藤忠雄の東京における最大のプロジェクトである。もっとも、東京オリンピック2016の誘致が成功していれば臨海部にスタジアムを設計していたかもしれない。このとき安藤は石原慎太郎都知事にグランドデザインを依頼され、晴海にスタジアムをつくる計画案を作成していた。しかし二〇一六年の誘致はブラジルのリオに敗れ、東京オリンピック2020の会場計画に安藤は関わらなかった。一方で、彼がコンペの審査員長を担当し、選ばれたザハ・ハディドの新国立競技場案はキャンセルされ、結局代わりに隈が設計することになったのはよく知られていよう。ところで以前、筆者は東京をどう考えているかを安藤に語ってもらうインタビューをおこなったことがある（「カーサ・ブルータス」二〇〇三年九月号）。そのときの言葉を紹介しよう。

図9　東京大学情報学環・福武ホール（同、2008年）

安藤によれば東京の都市計画には理念がないという。なぜなら、がむしゃらに復興をめざし、バブル期にもはや日本は欧米をこえたと酔っていたが、経済一辺倒になり、社会が文化のことを忘れたからである。また日本の政治家は都市に対する思い入れがない。なるほど銀座や表参道にしても、民間の企業がつくりあげた景観である。東京では商業施設を依頼されるヘルツォーク＆ド・ムーロンやOMAも、アジアならば国家プロジェクトや公共建築の仕事を担当する。伊東豊雄やSANAAなど海外で都市の顔となるランドマークを手がける日本人建築家も、東京では小型のプロジェクトや商業施設だ。経済原理が突出した東京ではパッケージ・デザインの仕事になってしまい、建築家の本領が発揮しづらい。ゆえに安藤は地方の小規模の仕事のほうが建築のやりがいを実感できるという。

そこで安藤は東京に対し、以下のような提案をしていた。無計画に容積率を上げてオフィスビルを増やすのではなく、三層くらいまではパブリックな空間とし、分断された都市を縫合すること。制度の壁を乗りこえ、お台場、皇居、明治神宮、隅田川などの公共空間をつなぐこと。また公共空間の機能を入れかえること。たとえば本来は都心にあるべき東京都現代美術館と有楽町の東京国際フォーラムの中身を交換するのだ。すなわち安藤は縦割りの行政にとらわれず、ネットワークを意識した都市の改革を推奨している。

建築としての表参道ヒルズ

都市の新しい顔となった表参道ヒルズは、雑然だと批判される東京とはおよそ違う、ある意味で欧米的な景観を提供している（図10）。もともと表参道はいつも新しい時代の情報を発信していた。まず一九二〇年に完成した明治神宮のおかげでケヤキの並木が続く長さが約一キロ、幅が約四〇メートルの参道という日本らしくない大通りと鎮守の杜としての緑豊かな環境が形成された。表参道ヒルズの建設にあたって壊された同潤会青山アパートは関東大震災後の復興事業としてつくられた近代的な集合住宅である。戦後は代々木にワシントンハイツやオリンピック選手村が建設され、海外文化の洗練を受け、やがて表参道はファッションの聖地になった。しかし、同潤会青山アパートは老朽化から建て替えが検討され、三井不動産が音頭をとり、葉祥栄の設計によっていったんは建て替え直前までいったものの、バブルの崩壊により流れた。その後森ビルが音頭をとり、一九九〇年代の中ごろからねばり強く多くの住民と調整しながらプロジェクトを遂行した。一方、建て替えを反対する運動も起こり、注目を集めた。

　表参道ヒルズの最大の特徴は驚くべき長さだろう。相続税の高さから土地が細切れになりがちな東京としてはめずらしく約二五〇メートルも統一したファサードが続く。中国であれば街区をまるごと再開発するのは日常的だが、東京では貴重な事例だろう。安藤も単体の建築がアーバンデザインに参与するチャンスと考えたはずだ。ちなみに表参道ヒルズを眺めるのに絶好の視点を提供しているのが、道路の反対側に建つ黒川紀章による日本看護協会原宿会館（二〇〇四年）である。屋外の大階段を登り、オープンスペースになったカフェテラスに立つと、表参道ヒルズの全貌がよく見えるからだ。むろん、表参道ヒルズは巨大なヴォリュームだが、ストリートのケヤキ並木にあわせて道路側の高さを調整したり、壁面を適度に分節

図 10　表参道ヒルズ（安藤忠雄、2006 年）ケヤキ並木ごしの外観

図11　表参道ヒルズ同潤館

しながら坂道に沿って高さをずらしたり後退させることで、歩行者に威圧感を与えないよう配慮されている。南東の端部に再生された旧同潤会アパート（同潤館——図11）の外壁をよく観察すると、素材は異なるものの、もとのスケール感が新しい建築に継承されたことがうかがえる。また駐車場や一部の商業施設は地下に埋め、全体の高さとヴォリュームを抑えている。

このプロジェクトについて安藤にインタビューしたとき、空から見る表参道に言及したことが印象的だった。ここは東京でありながら、とても緑が多いという。彼が表参道ヒルズの屋上緑化を唱えたのは、同潤会だけではなくケヤキ並木がある地域との連続性を意識しているからだ。将来は外壁にも蔦が絡まり、環境に溶けこんでいく。都市の記憶を引き受けながら新しい風景をつくろうとしたのである。同潤会もいきなり街になじんだわけではなく、最初は衝撃を与えるような存在だった。一方、屋内では近つ飛鳥博物館（一九九四年）などで使われた大階段や、中之島公会堂プロジェクトなどで登場した上部から光を導く地下的な空間という安藤好みのモチーフが積極的に導入された。

中央の本館ではスパイラル・スロープが六層の吹き抜けのまわりを囲む（図12）。巨大なヴォリュームを生かして大きな空間を内包する。パリのギャラリー・ラファイエットのように十九世紀に百貨店が登場したときから大きな吹き抜けは存在したが、吹き抜けのまわりをすべて傾斜したスロープが螺旋状に展開する空間の構成はユニークだろう。むしろフランク・ロイド・ライトによるグッゲンハイム美術館（一九五九年）に近い。十九世紀の百貨店はスペクタクルの装置というだけではなく、大きな床面積に対し十分な照明をもたなかったことから、建物中心部への採光という役割をもっていたと思われる。表参道ヒルズでもトップライトを通じて地下三階に自然光を導く。だが、ここではむしろ歩く楽しみを積極的に演出している。

吹き抜けのまわりでは一階や二階という区切りが発生せず、坂道に沿って店舗が続くという街路の感覚を屋内でも経験できる。スロープの勾配は表参道の坂道とほぼ同じだ。つまりスロープは東京の微地形を引き受けたものであり、延長され、内部化されたもうひとつの表参道になっている。かつて安藤が称賛したモスクワのグム百貨店のように建築の内部に街路を抱えこんだ都市的な風景をもつ。いったん外気に触れて同潤館のほうに散策することもできる。ただし建築というよりもプログラムの問題だが、気になった点をあげておく。

図12 表参道ヒルズ本館内観

最上部が飲食店で地上付近がブティックという構成は従来の百貨店と同じであり、コンサバティブに思えた。これがランダムな配列であれば、もっとストリートの雰囲気が強くなるだろう。またスロープに椅子やテーブルを置くことができれば、さらに街路らしさを感じるはずだ。

表参道ヒルズは、短期の存在でもかまわないパヴィリオン的な性格をもつブランド建築とは違い、長く残る覚悟でつくられた建築だろう。ゆえに将来は思わぬ使われ方がされるかもしれない。たとえばスパイラル・スロープに人が居住する空間が発生したり、もっと多様なお店やギャラリーが入ることを夢想する。そうすれば、ほんとうの意味でストリート化していく。そもそも多くの人に愛された同潤会も当初の状態のものではなく、あちこちがショップやギャラリーに改造され、すでにリノベーションされた物件だった。同潤会アパートはそうした転用にも耐えうる許容力をもったハコなのである。表参道ヒルズも未知の可能性を秘めた強度をもつ建築ではないだろうか。

近代的な都市景観の誕生

ここで、あらためて近現代における表参道の変遷を振り返りたい。

初詣の参拝客が全国でもっとも多い社寺は明治神宮である。落ち着いた森ゆえに悠久の歴史をもつかのように錯覚するが、これは国家的な事業によって近代につくられたモニュメントだった（図13）。一九一二年、明治天皇が崩御し、東京に神霊を祀る神宮を創建する声が高まり、大正時代に造営された建築である。その際、最初の日本建築史家、伊東忠太が社殿の設計を監督している。一方、外苑につくられた明治天皇の活動を紹介する聖徳記念絵画館（明治神宮造営局、一九二六年）はまったく和風ではなく、明らかに洋風のデザインだった。ともあれ明治神宮や聖徳記念絵画館は近代以降に誕生した風景である。

図 13　昭和初期の明治神宮、三ノ鳥居前

江戸時代にさかのぼると、この敷地には大名の屋敷、雑木林、農村などが点在していた。彦根藩主の井伊家の別邸には「代々木」と呼ばれるモミの木があったという。その後、屋敷は明治時代になって国有化される。いったん井伊家に払い下げされたものの、宮内省が購入し、「代々木御苑」として整備を進めていた。そして明治神宮のプロジェクトが始まると全国から三百六十五種、十万本以上の献木が集まり、青年団員の勤労奉仕によって東京に新しく人工の鎮守の森が出現した。ちなみに新国立競技場の建設でも、四十七都道府県から木材を調達している。設計者の隈は全国の心をひとつにしたいと語った。

一九二〇年に明治神宮が完成すると同時に、それに続く壮大な表参道が開通した。舗装された道路にはケヤキの並木が登場し、日本らしくないスケール感をもった大通りが生まれる。表参道は明治神宮と市電の走る青山通りを結び、内苑と外苑とをつなぐ役割も果たしていた。当時、参拝客を期待し、浅草から多くの土産物屋が移転したという。乗降客がふえることから、代々木寄りにあった原宿駅も現在の位置に移された。一九二四年に完成した二代目の駅舎はハーフティンバーのある洋風の外観をもち、一帯のシンボルとして親しまれているが、東京オリンピック2020終了後に駅舎を建て替える計画が浮上し、反対運動が起きている。これを受けて、解体しつつもデザインをなるべく再現する計画が発表された。また一九二〇年、線路の上を渡るために鉄筋コンクリート造の神宮橋も完成した。

図14　昭和初期の同潤会青山アパート

一九二三年の関東大震災は、およそ十万人の住まいを奪った。そこで罹災者に住宅を供給するために、翌年、国内外の義援金をもとに財団法人同潤会が設立される。創成期には木造の長屋をつくり、続いて同時代のヨーロッパの集合住宅の動向をとりいれつつ、近代的な設備を整えた中層の住宅団地に着手した。こうして代官山や大塚などに十五棟の鉄筋コンクリート造のアパート、すなわち耐火耐震を意識した日本初の集合住宅が建設された。震災は東京に新しい風景をもたらしたのである。表参道の重要な景観を形成した同潤会青山アパートは一九二七年に誕生した（図14）。解体直前は懐かしいレトロな建築というイメージだったが、おそらく最初は東京でもあまり見たことがない風変わりなデザインとして受けとめられたのではないか。実際、完成時の報道ではライト式といった形容がされていた。むろんこの表現は間違いだが、当時の日本人にとってはライトの帝国ホテル（一九二三年）ぐらいインパクトのある異形の姿だったと解釈できるだろう。

同潤会青山アパートは十棟から構成され、百三十八戸が入る規模だった。各棟は道路に沿った細長い敷地を生かして一列に並べる街路型の配置になっており、統一感のある景観を生む。ゆえにアパートは囲われた空間をもち、共同施設としては児童遊園や六戸が共同で使う浴室を屋上に置く。入居の申し込み倍率は七倍だった。当初はもっぱら公官庁の職員や大学教員の家族が住み、近代の都市居住と「文化生活」の姿を提示していた。大正時代としてはめずらしくガス、電気、水道をすべて備え、ダストシュートなどの近代的な設備もそなえている。意外に思われるかもしれないが、住民による建設の反対運動がおこなわれていた。明治神宮や練兵場に行幸する天皇を見下ろすことが不遜とされたからである。それゆえアパートは高さを三階建てに抑えたのだろう。また屋上のパラペットを高くして通りを見下ろせないようにしたり、見苦しい洗濯物を隠すことも配慮された。

国際色に彩られた戦後の変化

一九四五年、空襲によって明治神宮の社殿は焼失した。

その結果、この一帯はアメリカの洗礼を受けることになる。戦後、陸軍代々木練兵場はアメリカ軍に接収され、住宅地としてワシントンハイツが建設された。これは八百二十七世帯の家族宿舎のほか学校、教会、劇場、将校クラブ、消防署、変電所をもつ進駐軍の居留地である。東京のなかに移植されたアメリカは日本人の立ち入り禁止の地域だった。もともとこの敷地は一九〇九年、代々木御苑に隣接する農地を陸軍が買いあげ、敗戦まで練兵場として使われていたものである。一九一〇年には日本初の試験飛行が成功した。すなわち日本軍の施設からアメリカ軍の宿舎敷地へという読みかえがおこなわれたのだ。

表参道では、アメリカ人が日本のお土産を買いに訪れるショップとしてキデイランドやオリエンタルバザールなどが登場した。さらに一九五二年、軍の関係者を目当てに、青山ではボウリング場もオープンした。一九五八年には表参道と明治通りの交差点に外国人向けの高級賃貸マンションとしてセントラルアパートがつくられ、貿易や軍の関係者が出入りするようになった。外国人との出会いが表参道の発展に大きな影響を与え、異国情緒を感じる街に変貌した。また一九五七年、このエリアは都市計画によって文教地区に指定され、風俗店の営業が禁じられた。その結果、新宿や渋谷のような繁華街になることが回避され、現在にいたるまで良好な環境が保存される。

一九五九年、東京オリンピックの招致が決定すると、国家的な祝祭が大きな変革をもたらした。まず用地を確保するため、アメリカと交渉の末、ワシントンハイツに選手村と競技場が建設されることになった。東京の大改造が始まり、閑静な住宅街だった原宿・表参道もにわかに活気づく。アメリカ人居留地からもっと国際的な雰囲気が漂う場所へ。そして一九六〇年代は表参道をスポーツカーでドライブする原宿族が徘徊し、アメリカ風のスタイルで若者の憧れを集めた。

一九六三年、ワシントンハイツは返還され、アメリカ軍の宿舎を改修するなどして七千人が泊まれるオリンピック選手村が誕生した。期間限定だが国際色豊かな小さいグローバル・ヴィレッジが出現し、菊竹清訓の選手村食堂や清家清のメインゲートなどがつくられている。また日本のモダニズムの傑作である丹下健三の国立代々木屋内総合競技場（一九六四年）や山下寿郎設計事務所、日建設計、梓建築事務所によるNHK放送センター（国際放送センター、現・東館、一九六四年）も建設された。オリンピックの終了後、会場の跡地は約五四万平方メートルの森林公園として整備され、一九七二年に代々木公園がオープンした。そして二十三区内では四番目の広さを誇る公園として、明治神宮とともに都民に広大な緑のスペースを提供している。

若者の街から大人の街へ

一九七〇年に「anan」、一九七一年に「non-no」が創刊し、ファッション雑誌は原宿特集を繰り返し、それに呼応するかのように若者向きのブティックもふえ、この一帯をファッションの聖地に変えていく。一九七三年、セントラルアパートでも地階にブティック街がつくられた。またこのアパートには写真家の浅井慎平、コピーライターの糸井重里ほか音楽、広告、デザインの関係者が拠点を構え、サブカルチャーの重要な発信地となる。かくして華やかな雑誌の世界が街にあふれだしていく。

一九七八年、教会の跡地に森ビルのラフォーレ原宿（入江三宅設計事務所）が誕生した。新しいフ

図15　フロム・ファーストビル（山下和正、1975年）

ァッションビルには約百六十のブティックが入り、コムサ・デ・モードなどが育ち、DCブランドのブームを牽引する。セントラルアパートの店舗もここに移動した。一九七七年、ホコテンと呼ばれた歩行者天国が登場し、ど派手な竹の子族が賑わせたり、八〇年代後半からはバンドブームを牽引することになった。また一九七九年、常磐線や小田急線と接続する千代田線が開通し、さらに多くの若者を集めたことによって原宿と表参道の大衆化をもたらす。その後二〇〇八年に副都心線もつながり、さらに二〇一三年は東急東横線・みなとみらい線と相互直通運転が始まり、東京を貫く新しい動脈によって神奈川県や埼玉県からのアクセスが抜群によくなった。

この時期、表参道から青山界隈には山下和正のフロム・ファーストビル（一九七五年——図15）、丹下健三のハナエ・モリビル（一九七八年、解体二〇一〇年）、槇文彦のスパイラル（一九八五年——図16）、安藤忠雄のコレッツィオーネなどポストモダンの傾向を反映しつつ、トップアーキテクトによる良質な作品がそろう。前述したように、こうした傾向は二十一世紀に入り、スーパーブランドの参入によって加速することになった。二〇〇一年、サブカルチャー的なホコ天が廃止された代わりに、大人の洗練されたデザインの街にシフトしている。

先行して旗艦店を立ちあげたルイ・ヴィトンは、東京のなかで表参道がもっともパリのシャンゼリゼ通りのイメージに近いストリートだと考え、出店に踏み切ったという。また同社はケヤキ並木の美しさも評価していた。二〇一一年、ルイ・ヴィトンはシャンゼリゼの店舗に続き、二番目のアートスペースを表参道店の最上階にオープンした。つまり長い時間をかけて表参道が維持してきた良質な空間がこうしたブランド建築の展開を導いたのである。

図16　スパイラル（槇文彦、1985年）

失われた同潤会アパートについて

街は生きている。表参道はおよそ百年の歴史のなかでさまざまな変化を体験した。それは震災や戦争などの大きな出来事にも結びついている。二〇〇三年の夏、同潤会青山アパート（図17）は取り壊された。長く親しまれたランドマークは七十五年近くの歴史を終え、表参道は新しい時代の始まりを迎えたのである。そして歴史的な建築の跡地において都市の記憶を継承しつつ、安藤はもっとすぐれた建築をつくることに挑戦した。かつての同潤会がそうであったように、これもやがて緑の風景に同化し、二十一世紀に語りつがれるだろう。

一方で、表参道を変わることなく特徴づける要素がある。た

図17　解体前の同潤会青山アパート

とえばケヤキ並木。これが通りの雰囲気とスケール感を生む。一九九九年、商店街振興組合は「シャンゼリゼ会」から「原宿表参道欅会」に改称した。ケヤキにこだわり、明治神宮の参道という原点に戻るためである。そう、すべては明治神宮から始まった。

　もちろん、同潤会青山アパートの建築が失われたことは惜しい。その後も同潤会アパートの解体が続き、二〇一三年に上野下アパートが壊されたことによって（住利共同住宅含め）十六ヵ所につくられたすべてのアパートがなくなったからだ。建築史的には日本の集合住宅の近代化を考えるうえで同潤会アパートは重要なプロジェクトだった。いまとなってはある程度空間が体験できるのは、表参道ヒルズの端部に再現された外観や八王子の集合住宅歴史館に移設された室内のみである。同潤会アパートの跡地はふつうの高層マンションやオフィスビルが建てられたケースが多い。表参道をのぞく十五ヵ所の現在の状況を調べると、残念ながら新しい歴史をつくるような建築が登場していない。その可能性をもつのは表参道ヒルズぐらいである。まだ十数年の歴史しかもたないので、将来、人々にどのように受け入れられるかは早急に判断できないが、他の十五ヵ所とは違うデザインに踏みだした。

筆者は保存原理主義者ではないので、すぐれた建築が壊されるとしても、その後に志のある建築がつくられるなら必ずしも反対しない立場をとっている。たとえばアントニン・レーモンドの傑作リーダーズ・ダイジェスト東京支社ビル（一九五一年）の跡地に、毎日新聞社が入る日建設計によるパレスサイドビルディング（一九六六年）が登場したが、後者はオフィスビルの歴史に残る作品となった。もっともほとんどの場合、以前よりもダメな建築に変わってしまうので、基本的には反対することが多い。そうした意味でとくに残念だったのは、二〇〇三年に解体された大塚女子アパート（一九三〇年）である。これは跡地がどうなるかが決まらないまま、すなわちいったん更地にしてから他の土地利用を計ることにしたと東京都住宅局長が日本建築学会の保存要望書に対して回答していたからだ。土地を売却するために、とりあえず壊すという判断である。

　もはや上物としての建築の価値はゼロというかマイナスであり、土地だけが強い東京の現状を露骨に示している。結局、大塚女子アパートの跡地には図書館流通センター（ＴＲＣ）本社ビル（鹿島建設、二〇一三年）が登場したが、名建築が解体された後、ひどいときには建て替えどころか駐車場になるケースは寂しい。何もないほうがお金を稼げるという意味で完全に建築が否定されたように感じるからだ。大塚女子アパートが解体の危機にあるというニュースを聞いたときは、レトロ建築が好きなスタジオジブリが三鷹に美術館を建てるのではなく、ここをミュージアムに転用すればいいのにと思っていた。お隣の台湾では一九二〇年代や三〇年代などの日本統治時代の近代建築をよく保存し、うまく活用しているのを目撃すると、東京はみずからの手で有効な資産をどんどん壊しているのではないか。東京オリンピック２０２０を契機に解体された築地市場（東京市土木局建築課、一九三三年）もそのひとつだろう。

第7章　皇居に美術館を建てる

皇居をめぐる想像力

二〇一九年夏、あいちトリエンナーレ2019の百近い企画のひとつである「表現の不自由展・その後」が反日的であるとされたことで炎上し、オープンしてわずか三日で閉鎖に追いこまれた。もちろん、展覧会内展覧会というキュレーションの仕組みの問題や公開の仕方など主催者の側にも不備がなかったわけではないが、苦情やクレームではない殺害予告を含む脅迫が膨大に寄せられたことは明らかな「犯罪」である。そしてまさに表現の自由が侵され、われわれの想像力を萎縮させる事態を引き起こした。

主要なメディアでは日韓の関係が悪化していたことから平和の少女像に注目が集まったが、ネット上では昭和天皇の写真を燃やした大浦信行の映像作品に対する批判も少なくなかった。その際「御真影」や「不敬罪」といった言葉まで飛びだし、一九四五年以前の日本に戻ったかのように感じた。とはいえ、トリエンナーレを攻撃する匿名の人たちが嬉々として問題の画像をリツィートし、大量に拡散していた状況をみるかぎり、ほんとうに天皇の肖像を神聖なものと信じているのかは疑わしい。もはやたんなる批判のためのネタとして「御真影」(なお本来の定義では学校に配布された儀式のための公式写真を意味する)を利用するほうが不謹慎ではないか。また大浦の作品はそもそも天皇批判を意図したものではない。彼の自画像に含まれていた天皇であり、かつて富山県立近代美術館がその作品を含むカタログを焼却処分したことに対する批判だった。が批判者はそうした作品の意図を理解するつもりはなく、切りとられた画像だけを見て激しく反応していた。ともあれ、不自由展の中止はあらためて日本における天皇に関する表現のむずかしさを思い知らされた事件である。が、そうした状況はアートだけでなく建築の分野でも指摘できるだろう。

二十一世紀に入り、建築学科の卒業設計の講評会がイベント化し、しばらく毎年数百点以上の作品を見る機会があった。通常の課題だと与えられたテーマに従いデザインをおこなうのだが、学生にとって卒業設計とは、自分で好きなように敷地や建物の条件などを含むテーマを決めることができる初の機会だ。しかし学生の卒業設計をまとめて見るようになって不思議に思ったことがある。毎年おそらく日本全国で千以上の作品が制作されているが、筆者の知るかぎり皇居あるいは皇居前広場を敷地に選んだものが皆無であることだ。もちろん渋谷駅の周辺や新宿の繁華街、谷中《やなか》のコミュニティや下北沢の雑踏など人気の場所はあって当然なのだが、この場所を知らない日本人がいないはずなのに、ほとんど存在しないのも興味深い。もしかすると学生が敷地に選んでも、指導教員が途中でやめさせているかもしれない。ともあれ藤森照信が述べたように、ここではたしかに「何々をしてはいけないという打ち消しのマイナスガスが立ちこめている」。社会的なしがらみのない学生だけではない。ゴジラでさえ海から上陸し、あまり大きな障害物がなく通過しやすいはずなのに、わざわざ皇居を迂回して新宿に向かい忖度している。

法律で禁止されていないにもかかわらず、ここでは空間的な想像力を働かせてはいけないと思われているのだろう。いや、禁じられているという意識すらないのかもしれない。学生にとっては名前を知っていてもうまくイメージすることができず、もはや存在しないのと同じ場所なのだ。わざわざ行く用事もなく、おそらく空間の体験がないからである。しかし、かつて皇居や靖国神社は全国の修学旅行で必ず訪れる国民的な場所だった。

ロラン・バルトは『表徴の帝国』(一九七〇年、ロラン・バルト著作集7『記号の国』石川美子訳、みすず書房、二〇〇四年)において、東京の中心は空白であると指摘した。もちろん誰も立ち入ることができない禁断の地、皇居を指している。おそらく外国からの観光客が何かしらのモニュメントを求めて皇居前広場に訪れても呆気にとられるだろう。北京の紫禁城、ソウルの景福宮、ロンドンのバッキンガム宮殿とは違い、そこには威風堂々とした建造物がなく、ただ何もないからだ。記念写真を撮ろうにも空っぽの広場だけが広がっている。肩透かしをくらうはずだ。かといってヨーロッパの広場のような市民が思い思いに過ごす場所としても機能していない。

広場と靖国神社

そもそも日本では人々が集い語りあうヨーロッパ的な広場が成立しないと言われる。アジアでも北京の天安門広場やソウルの市庁舎前の広場のように政治的な空間が成立した。しかし日本ではモダニズムの建築家が広場を導入しようと試み、数々の失敗を経験した。前川國男が丸の内に東京海上ビルディング本館（一九七四年、現・東京海上日動ビルディング本館）を設計し、その高さと特殊な場所ゆえに皇居を見下ろすことから一九六〇年代に美観論争で批判されたときも、ル・コルビュジエのアーバニズムの思想にならい、彼は建築を高層化することで足元に市民のための広場を確保することを唱えたが、ほとんど理解されなかった。結局このビルは皇居に配慮し、高さを削ることで実現されている。あえて活発に利用されている東京の広場をあげるとすれば、サラリーマンが集う新橋のＳＬ広場とユルさが心地よい池袋の西口広場だろう。もっとも、後者は二〇一九年に常設の屋外ステージ（グローバルリング、三菱地所設計）を備えるおしゃれなデザインに改造されてしまった。

もうひとつ、筆者が意外にも広場的だと感じたのが靖国神社だった。リ・イン監督のドキュメンタリー映画「靖国 Yasukuni」（二〇〇七年）を鑑賞し、八月十五日の現地の状況をこの目で確かめたいと思い、およそ十年前に足を運んだときである。テレビや新聞などのマスメディアによる報道は基本的に首相や国会議員が参拝したかどうか、それが私的なものなのかどうかという情報に集中しがちだ。しかしこの映画は政治家ではなく、ふつうの人の非日常的なふるまいをとらえている。そこは戦死者を弔う鎮魂の神社とは異なる表情を獲得していた。驚くべきことにさまざまな立場の人の異なる意見がぶつかりあう生き生きとした空間なのである。軍服のコスプレで闊歩する人たち。天皇陛下万歳を叫ぶ人たち。戦没者を偲ぶ遺族たち。大和魂の喪失を嘆く日本人。星条旗を掲げるアメリカ人。合祀された霊を返せと訴える台湾の先住民族。国歌斉唱の横で起きる乱闘。日本の都市空間には人々が自分の政治的な信条を表明するヨーロッパ的な広場や公園がないと言われるが、じつは靖国神社がそうした場になりえているのだ。

ところで二〇〇六年にヴェネツィア・ビエンナーレ国際建築展を訪れたとき、都市をテーマとし、アルセナーレの会場では各都市の広場を映像で紹介する展示があったのだが、ヨーロッパの都市がバロック的な広場や宮殿前の広場をとりあげていたのに対し、東京から選ばれていたのは渋谷駅前のスクランブル交差点だった。なるほどここは洋画でも東京のシーンでよく舞台となるように、外国人がわざわざ訪れ、好奇心をもって群衆がぶつからずに移動する様子を動画で撮影する代表的な場所である。だが、これは多くの人が集まっているが、従来の意味における広場ではない。立ち止まることが許されない、つねにフローしつづける空間である。一九六〇年代末には新宿の西口広場も群衆で埋めつくされ、反戦をうたうフォーク集会がおこなわれたが、機動隊が導入された。「広場」は「通路」となり、立ち止まることが許されなくなった。

こうした群衆の記憶を新宿の新都庁舎のコンペ案にもちこんだのが磯崎新だった。すなわちコンペの要項に従えば超高層にならざるをえないところをあえて拒否し、むしろ大勢の人を収容できる巨大な屋内広場を提案したのである（図1・2）。ヨーロッパの大聖堂のように。もともと出来レー

図1（上）　東京都新都庁舎計画
（磯崎新、1986年）南北断面図
図2（下）　同、「天・地・人の間」

スとも言われたコンペでもあったが、結果は予想どおりに丹下健三が勝利し、同じ建築家が新旧いずれの都庁舎も設計することになった。強烈な造形をつくるのが得意な丹下のデザインは、ツインタワーのシルエットがパリの大聖堂を想起させるだろう。磯崎案はモニュメント的な外観よりも広場を導入した落選覚悟の批評的なコンペ案である。したがって渋谷のスクランブル交差点は、人は集まるけれど、そこにとどまることができず、たがいにコミュニケーションをとることもない、東京らしい「広場」なのかもしれない。なんとなく発生してしまった皇居前広場も二十世紀の半ばにヨーロッパ的なモデルに近接したが、結局、現在はまさに使われない日本的な広場の代表として定着している。

敗戦後の皇居改造計画

だが、敗戦直後の皇居は必ずしもアンタッチャブルな存在ではなかった。

空襲の飛び火で明治宮殿が焼けた後、再建の声があがると、当初東京以外の地にすべきという主張は少なくなかった。たとえば京都、富士山麓、あるいは地下が候補にあがっている。結局、一九五九年に政府の皇居造営審議会が従来の位置を適当と決定した。また一九四七年、片山哲内閣総理大臣が各省と協議した旧皇室苑地に関する閣議決定では「宮城外苑に野外ステージを中心とする国民広場を設置し、各種行事、運動競技などに使用せしめること」と記されていた。天皇が人間宣言をしたのだから、もはや皇居のイメージが変わることに対するハードルは低かったはずである。いや、むしろ戦前と戦後の違いを明快に可視化するのが東京における皇居の位置づけだったのだろう。

建築界でも積極的に提案がなされた。一九五七年、丹下健三は「僕はあれを文化センターにしたいんだ。公園あり、美術館あり、図書館ありで、今の自然の武蔵野情緒も生かしながら、国民のものにね」と発言している（丹下健三、藤森照信『丹下健三』新建築社、二〇〇二年）。そして皇居を含む山手線のエリアをまるごと改造し、排気ガスが多くて環境が悪いから皇居は引っ越してもらうアイデアを披露した。翌年に彼はこうも述べている。「まず宮城を開放していただきたい。宮城のあの環境はなんとか残すこと、そうして宮城の周囲をもっと楽しいものにする。（…）ショッピングセンターもあれば、ビジネスセンターもあるということにして、一応宮城は原形通り残す。けれどもあそこを横断できるようにしたい」。すなわち宮城を文化の中心とし、都民のレクリエーションの場に変え、まわりに高層アパートを建てるのだ。丹下が親交のあった岡本太郎が皇居にレクリエーションセンターを置く「ぼくらの都市計画」（一九五七年）を発表したことも影響したかもしれない。また一九二七年生まれの建築家、緒形昭義による一九五〇年の卒業設計は「皇居前広場に建つ文化会館」だった。

一九六〇年には都市社会学の磯村英一が皇居や国会を移転する「富士山麓遷都」を発表している。皇居は都市を考えるうえで重要なテーマだった。小関哲哉、明石和康の著作『遷都・分都』（時事通信社、一九八八年）では「日本は地方で伸びる」と掲げ、以下のような提言をおこなう。たとえば近畿の活性化のために天皇を京都に返し、新宮殿を建設すること。政治首都は広大な北海道に移し、ポスト香港をねらい、沖縄を自由貿易の地域に変え、各省庁を地方に分散させること。そして東京を一地方としての江戸に戻しながら、海外の労働力を受け入れ、国際化を促進させるという。東京を中心とする一極集中のツリー構造を解体する壮大なプロジェクトだ。いまは失われてしまったが、バブル期ならではの大胆な発想だろう。

首都機能移転が隠蔽するもの

磯崎新は阪神・淡路大震災後に首都を淡路島に移転するアイデアを披露した（『磯崎新の発想法』王国社、一九九八年）。これは皇居の移動も意図したものであり、彼によれば古事記を読むと最初にできたのが淡路島だから、右翼も反対しないという。あるいは磯崎は京都に新しい御所をつくることも提案していた。「東京に四代の天皇を貸して民族国家の繁栄に役立ってもらったのだから、そして東京があれだけ壊滅的に肥大化した状態にまでなっちゃったのだから、もう御役御免になっていただく。天皇家が東京と民族国家としての日本に奉仕する義務はもう果たされた。平成天皇を連れ戻す段取りはとりにくいだろうから、皇太子がこちらに住まわれておけば、自動的に天皇は京都にご帰還になるのじゃないか」とも述べている。これは京都では受け入れられそうな考え方だろう。

なるほど宮城前広場は「無用の長物」と呼ばれたことがあった。しかし原武史が『皇居前広場』(光文社、二〇〇三年)で論じたように、広場として積極的に活用され、さまざまな意味が充填された時代も存在している。たとえば関東大震災後は罹災者に開放され、戦時下には国威発揚の場として、逆に戦後は民主主義の運動の場として機能している。食料が欠乏したときは米よこせのデモもおこなわれたという。すなわちダイナミックに使われ、その役割も時代によって変動していた。ここは可能性の場だった。また井上章一は、日本の全体主義がドイツやイタリアと違い、モニュメンタルな建築を求めず、戦時下にはむしろバラックがふえたが、皇居前広場は聖なる祝祭空間として維持されたことを指摘している(『夢と魅惑の全体主義』文春新書、二〇〇六年)。

だが丹下の有名なプロジェクト、東京計画1960では大規模な改造を提案しながら皇居に直接的介入はしていない。ただしよく観察すると東京湾に向かって伸びる軸線、すなわち平行する二本の交通の大動脈は皇居を挟む(図3)。これは皇居への参道とみなすこともできるだろう。そもそ

図3 丹下健三「東京計画 1960」

も戦時下における彼のデビュー作、大東亜建設記念営造計画（一九四二年）は皇居と富士山麓を大東亜鉄道と大東亜高速道路でつなぐ国土開発のアイデアだった。そうした意味で彼の壮大なデザイン志向は変わっていない。丹下以降メタボリズムを含む建築家も多くの空想的な都市計画を発表したが、もはや皇居は想像力の外側になった。磯崎のような例外をのぞくと建築家にとって皇居は手をつけられない場所に変わったのである。また新宮殿の基本設計に関わった吉村順三はデザイン変更を余儀なくされ、工事の途中で降りてしまった。やはり冷水を浴びせるマイナスのガスである。皇居をめぐる空間的な想像力は封印されている。

その影響は、首都移転ではなく首都機能移転という言葉にも認められるだろう。後者の意味は国会ならびに行政および司法に関する中枢的な機能を東京圏以外に移すことである。すなわち天皇の住まいが対象に含まれない。首都機能移転とは天皇にふれないための考え方なのだ。実際、橋本龍太郎首相（一九九六年当時）は「私は首都移転と言うつもりはない。皇室にご動座をいただく意思はない」と述べている。ここでも皇居について考えるという未来の選択肢のひとつがあらかじめ除外されているのだ。もっとも、首都に皇居があるということは法律によって明文化されていない。ただ皇居に手をつけるのはヤバイといった雰囲気が醸成されている。

東京にない巨大美術館

東京における皇居は思考の領野における空白の場所＝ヴォイドになっている。こうした状況だからこそ、筆者がアーティストの彦坂尚嘉からはじめて皇居美術館の構想を聞いたとき、大いに感銘を受けた。しかも従来の右翼／左翼という枠組みを超越するような痛快なアイデアである。皇居の開放という主張は左派的といえるが、日本の伝統の象徴としての天皇という位置づけは右派的だろう。実際、皇居美術館をめぐって政治学者の御厨貴と原武史、活動家の鈴木邦男がはじめて一堂に会するシンポジウムが実現した（『空想 皇居美術館』朝日新聞出版、二〇一〇年に収録）。鈴木によれば新右翼の一水会の代表も天皇は本拠である京都に帰っていただきたいと述べているらしい。そのえで、彼は江戸城を復元し武士を生活させて政治は徳川家に返すという逆・大政奉還はどうかと発言した。さらに「廃県置藩」を実行すれば地方の規模もちょうどよくなるという。筆者も京都への帰還は考えたことはあったが、皇居の跡地利用について考えはなかった。彦坂がユニークなのは、天皇が不在となった東京の中心に美術館の建設を提案していることだ。しかも彼の作品を模型とみなすならば高さ一〇〇〇メートル級のありえない超巨大な建築である。

彼はこう記した。「日本も不景気ですが、それを大風呂敷の構想で吹き飛ばして、夢のような巨大な皇居美術館を造って、日本の元気を呼び戻そうというものです。これは究極の、夢の箱もの行政です」（前掲書）。そして新しい芸術憲法の制定までも視野に入れた芸術立国を掲げる。壮大な物語だ。さらに彦坂によれば、天皇が京都に移動する代わりに関西から多くの国宝や重文がこの美術館に集まり展示されるという。本書の第一章でとりあげたアーティストによる東京革命でも、皇居に介入するプロジェクトはなかった。会田誠の東京改造法案大綱（二〇〇八年）は帝都の中心の「あの土地」と記すにとどめ、それにふれる危険性のみを示唆している。

なるほど主要なグローバル・シティにはロンドンなら大英博物館、パリならルーヴル美術館、そしてニューヨークならメトロポリタン美術館など観光客が必ず訪れる巨大なミュージアムが存在する。おそらくふだん国内では美術館に行かないような日本人の観光客も海外を旅行すると、上記の場所ならばうっかり足を運ぶだろう。なぜか。もちろんガイドにオススメのスポットとして紹介されているはずだ。が、重要なのはすべての作品を見ることができないほど巨大な美術館であることではないか。つまり圧倒的なコレクションにわれわれは魅せられている。日本の感覚では美術館にとっては企画展こそが華であり、常設展示は地味な印象があるかもしれない。しかし観光客がいつもルーヴル美術館を訪れるのは、イベント的な企画展を見たいからではない。あそこに行けば、あの名作に出会えるという大量のコレクションの力である。

では、東京にこうしたミュージアムが存在するのか。

おそらく上野の国立博物館がそれに近い位置づけなのだが、複数の建物に分かれているせいもあり、巨大さやスペクタクル性がない。現代アートの美術館についても近年の世界的な動向としては巨大な建築がふえている。そしてしばしばグローバルに活躍する著名な建築家が設計を担当している。たとえばヘルツォーク&ド・ムーロンによるロンドンのテート・モダン（二〇〇〇年）、フランク・ゲーリーによるビルバオのグッゲンハイム美術館（一九九七年）、ザハ・ハディドによるローマのイタリア国立二十一世紀美術館（二〇〇九年）、上海のパワーステーション・オブ・アート（発電所を二〇一〇年開催の上海万博・城市未来館に改修し、さらに現代美術館に再改修、二〇一二年開館）、シンガポールの国立美術館（旧市庁舎・最高裁判所を改修し合体、二〇一五年開館）、拡張を続けるニューヨークの近代美術館（MoMA）などだ。これらはアヴァンギャルドな造形もさることながら、やはり大きいというシンプルなインパクトをもつ。

停滞する公共建築の更新

東京の場合、柳澤孝彦による東京都現代美術館（一九九五年）が上記の施設にあたるが、観光地とするには都心からだいぶ離れており、アクセスが悪い。また、もう二十年以上前の施設であり、展示空間の増築もされていない。柳澤孝彦による堅実なデザインではあるが、二十一世紀的なランドマークとして忘れがたい印象を与えるような特徴はない。竹橋の国立近代美術館はヴォリュームが足りない。一方、日本の地方都市ではSANAAが設計したコンビニ的な気軽さがある金沢21世紀美術館を皮切りとして、アーツ前橋（西友リヴィン前橋店WALK館を改修、水谷俊博、二〇一三年）や大分県立美術館（坂茂、二〇一五年）など丘の上の神殿ではなく立ち寄りやすい街中のミュージアムという新しいモデルが登場している。しかし、東京はそのサイズだからこそグローバル・シティとして世界に張りあう大型の美術館が必要ではないか。

だが、東京における大型の公共建築は更新が滞っている。

平成はバブル景気のどまんなかから始まり、まさにポストモダン建築の最盛期だった。世界的に考えるとポストモダンが流行した時代は必ずしもどこでも景気がよかったわけではないが、日本に関していえばバブル経済とポストモダンが完全に一致している。そして高松伸のキリンプラザ大阪(一九八七年、解体二〇〇八年)のように商業建築のデザインが元気になったことや海外の建築家の起用がさかんになったことがとくにめだった。公共建築に関しても機能主義からは説明できない装飾的な要素や引用の手法が認められる。また十分な予算があったことから高価な建材を用いたり、プロジェクトの規模が大きいことも指摘できるだろう。当時の学生が手がけた卒業設計のデザインもポストモダンの影響が強く、また巨大な開発プロジェクトが多かった。いつの時代も学生は流行に敏感である。逆にいまどきの学生はおばあちゃんの家のリノベーションを卒計のテーマにするなど新築ではない身近な小さなプロジェクトを好み、コミュニティデザインの志向が強い。

この時代ならではの東京における公共施設としては丹下健三の東京都庁舎(一九九〇年)、六角鬼丈の東京武道館(一九八九年)、芦原義信の東京芸術劇場(一九九〇年)、菊竹清訓の江戸東京博物館(一九九三年)、柳澤孝彦の東京都現代美術館、ラファエル・ヴィニオリの東京国際フォーラム(一九九六年)などがあげられる。いずれも大型の建築である。各施設の竣工やオープンはすでにバブル経済の崩壊後のものが少なくないが、企画・設計から施工を経て完成にいたるまで一定の時間を要する建築プロジェクトゆえのズレに起因する。

かつて磯崎新は都庁舎、東京芸術劇場、江戸東京博物館、東京都現代美術館、東京国際フォーラムを名指し東京の五大粗大ゴミだと命名したが、あらためて当時は東京のシンボリックな公共施設がめだっていたことがよくわかる。磯崎が批判した公共建築群や新国立劇場（柳澤孝彦、一九九七年）は現在東京にとって重要な文化のインフラとなっており、筆者も観劇や展覧会の鑑賞を通じてその恩恵を受けている。したがって、意匠はともかくハコモノができたこととの意義がないわけではない。もっとも、世界各地のグローバル都市においてザハ・ハディドによるソウルの東大門デザインプラザ（二〇一四年）や伊東豊雄の台中国立歌劇院（二〇一六年）などデジタル時代のデザインの特徴をいかした公共施設が次々に登場していることをふまえると、東京はその後の更新がひさしくない。

すでに論じたように二〇〇〇年代に入ると東京において民間の再開発やファッションブランドの前衛的な店舗デザインはふえているが、特筆すべき公共建築は少なくなった。実際、一九八八年に始まった公共建築賞（社団法人公共建築協会）の受賞リストをみても、近年は東京の作品があまりないように思われる。建築界の状況を大きく変えたのはバブルの崩壊だった。経済が冷えこみ、ポストモダンは贅沢なデザインだとみなされる。さらに阪神・淡路大震災が起き、実際に崩れた建築の街並みが出現したことで、傾いたり亀裂を入れる造形のディコンストラクティビズムは不謹慎とみなされ、バブルの残り香は完全に消えた。

これはあくまでも気分の問題であり、ディコンストラクティビズムの批判としては論理的ではない。したがって日本の特殊事情といえるかもしれない。たとえばダニエル・リベスキンドやザハ・ハディドの前衛的なデザインが実現するようになったのはむしろ一九九〇年代以降であるし、フランク・ゲーリーの建築が世界的に展開したのも同時期だ。またオーストラリアのメルボルンを訪れると、二十一世紀もディコンストラクティビズムのデザインが興隆している。世界的には派手な造形をもつアイコン建築と呼ばれるデザインが主流になっているのに対し、日本はそれを忌避する傾向が強いのは、バブル崩壊のトラウマが癒えていないからだろう。国際コンペで最優秀賞に選んだザハ・ハディドによる新国立競技場のデザインを着工の直前にキャンセルしたことは、こうした日本の状況を決定的なものにした。

東京のアーバン・ヴォイド

それゆえ、皇居に巨大な美術館を建てるアイデアは刺激的である。大英博物館は、パルテノン神殿のエルギン・マーブルのようにイギリスが世界の覇権を握っていた時代に海外から収奪した作品を数多く展示している。だが、現代においてそれはできない。金で集めるにしても限界があるだろう。ゆえに収蔵品は、前述したように天皇が京都に帰還し、伝統的な芸術文化の象徴として牛車を使うなど近代以前の生活を営む代わりに、重要な古美術が東京にやってくる。彦坂によれば美術だけでなく建築も移築するという。かつてアンドレ・マルローがあらゆる芸術作品の写真を並べることによる「空想美術館」を提唱したが（ちなみに大塚国際美術館が陶板による名画の複製技術を用いてこれに類似した試みをおこなっている）、皇居美術館では実際にモノを集めようと考えている。

このプロジェクトに協力した安藤忠雄の設計事務所出身の建築家、新堀《しんぼり》学は古代ローマの遺跡を空想的に集合させたピラネージの有名な銅版画「カンポ・マルツィオ」（一七六二年）にならい、世界の主要な美術館やモニュメントを集めて皇居の上に重ねあわせたが、いくつもの建築がすっぽり入るほどの規模だった。たとえばメトロポリタン美術館、大英博物館、ルーヴル美術館、ウフィツィの美術館、ベルリンの博物館島、バチカン美術館、そしておまけにクフ王のピラミッドを足しても、すべてが皇居の敷地に収まってしまう。かくして他の美術館を物差しとすることによってあらためてその広大さに驚かされる。が、それも仕方ないだろう。なぜなら、われわれはここを自由に歩きまわることができないからだ。したがって大きさの感覚を共有することがむずかしい。

第一回リスボン建築トリエンナーレ２００７において、筆者は日本セクションのキュレーションを依頼され、展示の目玉として皇居美術館をとりあげることにした。なぜなら全体のテーマが「アーバン・ヴォイド」、すなわち都市の空白だったからである。こうした国際展では、同一のテーマに対し各国が異なる回答を提示することで多様性やそれぞれの固有性が浮かびあがる。したがって東京の中心に存在する最大のヴォイド＝皇居をモチーフにしたプロジェクトがふさわしいと考えた。もっとも、日本とヨーロッパではこのプロジェクトの文脈はだいぶ違う。パリのルーヴルやサンクトペテルブルクのエルミタージュ美術館のようにかつて宮殿だった建築が美術館にリノベーション

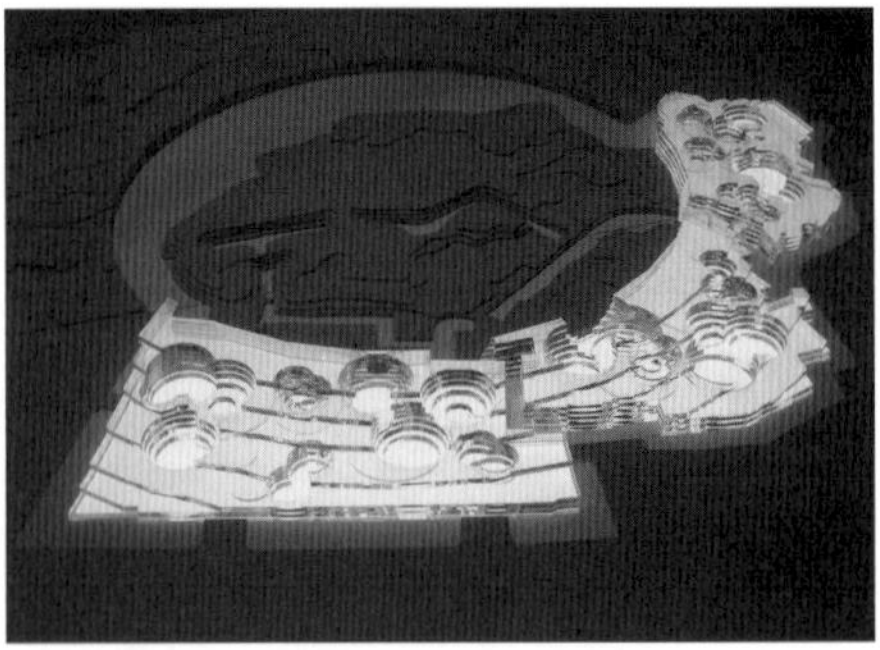

図4　皇居美術館模型（彦坂尚嘉、新堀学、リスボン建築トリエンナーレ 2007）

されることはめずらしくないからだ。そもそもルーヴル宮殿はフランス革命によって王の居場所ではなくなり、市民に開かれた美術館に改造されている。当時はヴェルサイユ宮殿と同様、国を傾ける贅沢な建築のプロジェクトだったかもしれないが、いまやパリに訪れる観光客がひっきりなしにお金を落としていくドル箱とでもいうべき存在だ。むしろふえつづける来場者のあまりの多さにもう対応ができないとして職員がストライキをおこなったように、オーバーツーリズムを引き起こしている。

リスボンは現代アートの展覧会ではなく建築展ということで、彦坂と新堀のコラボレーションを依頼し、ありうる形態を検討してもらった。これは前者のアイデアを原作としつつ、後者がデザインしたものである。巨大な美術館が円のラインに沿って皇居の外苑と東御苑、北の丸公園を横断して出現する。そして国会議事堂や国会図書館に面する桜田濠はさらに水面を拡張し、やはり同じ円の輪郭を共有する。これにしたがい最高裁判所の一部は膨らんだ濠によってまるくえぐりとられ、なんともシュールな風景が出現する（図4）。いわば皇居の中心から膨らむ透明な球体の輪郭を可視化したようなデザインだった。大友克洋の漫画「ＡＫＩＲＡ」（一九八二―九〇年）

に登場する東京の中心の爆発シーンが想起されるだろう。実際、リスボンでこのプロジェクトを鑑賞した外国人からも「ＡＫＩＲＡ」を思い出すと指摘された。これはふだん意識されない東京のヴォイドの見えない力を表現したものである。

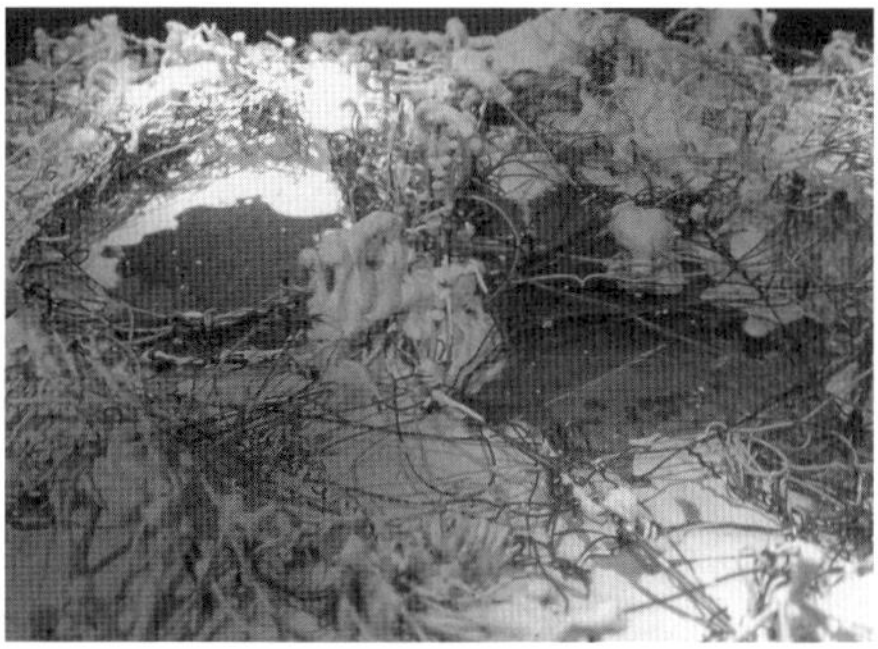

図５　磯崎新「孵化過程 1962/2011」（MISA SHIN GALLERY「過程 /PROCESS」展、2011 年）

もっとも新堀のデザイン案では、やはり皇居の中心は空白のままだ。これは磯崎新によるポストモダン建築のメルクマールとなったつくばセンタービル（一九八三年）をめぐる一連の議論と接続する（磯崎新編『建築のパフォーマンス』ＰＡＲＣＯ出版局、一九八五年）。彼は公共建築においてあえて日本の古建築を引用源から除外し、むしろミケランジェロ、パラディオ、ルドゥーなど彼好みの西洋の古典主義を徹底的にサンプリングするデザインを試みた。これは欧米化に邁進した国家の肖像に対する批判をアイロニカルに表現したものである。丹下健三やメタボリズムの建築家は、伝統論争を経て伊勢神宮、桂離宮、茶室や数寄屋などを強く意識したデザインをモダニズムの公共施設に組みこんだが、磯崎によるつくばセンタービルの外観に和風の痕跡はない。一方で浅田彰は、まさに日本の要素が欠けていることによってバルトのいう意味での空間としての中心の構造をそのまま反復していると指摘した。また以前、磯崎が東京の空撮写真の上に来場者が釘を打つ（＝メガストラクチャーのコアを見立てたもの）参加型のインスタレーションをギャラリーで実施した際、最後は針金でつなぎ（＝コアを連結する構築物）、石膏で固めたのだが、やはり皇居の部分は気がひけるのか、ほとんど介入されていない（図5）。実際、空間を可視化させた新堀のデザインも皇居をめぐる空間的な問いの困難さを表象している。その後、彦坂は帰国展において巨大な金色のヴォリュームが皇居の上にのしかかる建築的な彫刻というべき大作を発表した（図6）。

図6　皇居美術館（彦坂尚嘉、「空想 皇居美術館」出版記念展覧会、タマダプロジェクト、2010年）

ちなみにリスボン建築トリエンナーレの日本セクションでは、空想皇居美術館のほかに若手建築家の作品におけるヴォイドの操作、あるいはコインパーキングや空き地など都市の小さなヴォイドにパラサイト・アーキテクチャーを挿入するプロジェクトなども紹介した。皇居が意識されない東京の大きなヴォイドだとすれば、これらはむしろ生活感覚からリアリティをもって注目されているスケールのヴォイドだろう。

美しい都市が排除する築地市場

もはや東京が魅力的な公共施設を新しく生みだす意思がないのであれば、せめて既存の名建築を残しながら活用する手段もありうるだろう。パリはその両方を遂行しているが、東京は後者に関しても消極的である。たとえば名所だった築地市場も解体されてしまった。筆者は豊洲市場への移転に反対ではないが、建築としての築地市場は残し、別の用途で使いつづけるべきだったと考えている。たとえば現代アートの巨大な展示場として再生する可能性があったのではないかと思う。ちなみに移転を賛成なら解体も賛成、そうでなければ両方とも反対の意見がほとんどなので、意外に筆者のような立場は少ない。築地市場は関東大震災後の一九三三年に竣工したが、台湾の場合は積極的に同時代の日本統治時代につくられた近代建築を文化施設に転用している。

台湾におけるいくつかの事例を紹介しよう。台北では煙草工場（台湾総督府専売局松山煙草工場、一九三七年）をリノベーションした松山文創園区（二〇一二年）をデザインの拠点に変え、機能主義的なU字プランをもつ一九三五年の食料品小売市場を再生する事業コンペをおこない、補強・改造した新富町文化市場（二〇一七年）にカフェ、食卓ラボ、展示施設を入れている。一九三〇年代の巨大な鉄道の施設の再生計画（台北機廠鉄道博物館園区）も進行中だ。また台南では二〇一三年、約四十年間廃墟として放置されていた林百貨店（一九三二年）を再生し、新しい観光名所に改造した。ほかにも台湾の有名建築家、李祖原が設計した商業施設（中国城、一九八三年）を解体しつつ、あえて一部を廃墟の状態で残すMVRDVによる野心的なオープンスペースのプロジェクトもある（河楽広場、二〇二〇年三月）。しかし、東京ではそもそも廃墟になる自由がない。ゆえに使われなくなった建築はすぐに消え、次世代のリノベーションを待つこともできない。

築地市場に関しては、小池都知事がいったん豊洲への移転計画を止めさせたことで注目されたが、明確な理念があったわけではない。新しい施設をつくるのではなく計画をつぶすことで人気を稼ぐ日本型のポピュリズムを体現したにすぎない。しかし、もともとこのプロジェクトに着手したのは元都知事の石原慎太郎である。二〇一一年一月、彼は三期目が終わる間近に任期中にやり残したことを問われ、築地の市場移転と答えていた。彼が誘致しようとした東京オリンピック2016の計画の際、築地の跡地をメディアセンターにするという構想を掲げている。二〇一〇年十月、石原は定例会見においてこう述べている。

「築地市場はわずかな震度の地震でも屋根の一部が落下するまで老朽化しております。かつ、お世辞にも清潔とはいえないと思います。パリの新しい市場を見てみますと、競りにかけるような大事な商品には番号を振ってガラス越しに見えるようにしていて、今の築地でやっているように、外気にさらされている、地面に転がしている。それを見て値段をつけるような、そういう原始的なことはやっていない。そういうことも含めて、私は新しい市場が新しい機能で安全で清潔に運営されるべきだと思いますし、こういった時代遅れの施設では、産地や顧客のニーズに対応もままならない」

石原は東京都の規制によりアニメや漫画の「浄化」をめざしたように、今度は不潔な築地市場をなくそうとしていた。彼は以前にも「心の東京革命」を唱え、道徳教育によってだらしない青少年を矯正しようとしたり、建物がばらばらで東京の景観はゲロのようだと批判している。ほかにも生殖能力を失った「ババア」は無駄と暴言を吐き、子供を産まない同性愛者への差別的な発言をおこなっている。彼が考える清く正しく「美しい」都市に、古びれた築地の市場は不要だった。

大空間をリノベーションする可能性

築地の中央卸売市場は、当時最先端のテクノロジーを用いて建設されたものである。実際、東京市は海外に技師を派遣し、ヨーロッパやアメリカの市場を見学させてプロジェクトに臨んだという。市場を歩くと八十年以上前とは信じられない巨大な鉄骨の大空間であり、地図の上でも築地市場のかたちがすぐにわかるほどのスケール感だ。全体の輪郭が大きく弧を描き、扇形のプランになっているのは、効率的に荷物を運ぶべくここを起点として汐留で合流する鉄道が走っていたからである（図7）。その後トラックの運送に切り替わるが、鉄道の交通動線によって決定されたカーブは放射状と同心円状の二パターンの通路を導き、屋根の架構など市場の内部空間の形成に大きな影響を与えた。ビルディングタイプの視点から鉄骨の大屋根がヨーロッパの駅舎を連想させる一方、交通システムと連動する大空間は空港に

図7　竣工時の築地市場全景

も似ていよう。

建築史家の清水慶一によれば明治時代の築地には東京でもっとも西欧的な風景が出現していた(『近代建築ガイドブック関東編』鹿島出版会、一九八二年)。さすがに当時の建築群はもう存在しないが、築地市場は伊東忠太による築地本願寺(一九三四年)と同様、関東大震災後の一九三〇年代における日本近代建築の重要な到達点を刻んだ文化財である。築地市場は国会議事堂(臨時議院建築局、一九三六年)や明治生命館(岡田信一郎、一九三四年)よりも年上なのだ。築地市場の古い部分を歩くと、床が石畳になっていることに気づく(図8)。モノがあふれ、市場のはみだしにより石畳は少しわかりにくかったが、よく観察すると日本とは思えない通路である。

図8　解体前の築地市場内観

やはり市場を移転しても建造物は残し、異なる用途を与えるべきだった。それこそ石原都知事が好んで参照したパリでは、グラン・プロジェなどを通じて駅舎や食肉処理場(ラ・ヴィレット)といった近代の大空間を保存し、新しい生命を吹きこむことに成功している。たとえばオルセー美術館(ガエ・アウレンティ、一九八六年)は一九〇〇年のパリ万博のときに登場した駅舎を再生したものだ。オルセー駅は使われなくなった後も、半世紀近く解体されることなくセーヌ川の横というパリの一等地で放置されていた。これは土地がもったいないからといってすぐに開発に手を出し、廃墟になる自由がない東京では考えられないことだろう。しかしオルセー駅は、時間が経過し、一九八〇年代まで残っていたからこそ駅舎と同時代のアートやデザインがやがて高い評価を獲得し、それらを展示する施設という新しい用途が事後的に発見された。そしてオルセー美術館のコレクションは日本人も大好きな印象派を含むことから、人気の観光名所となった。つまり老朽化したからといって古い建築を解体し、新しい建築をつくればいいと単純に考えているわけではない。また赤煉瓦のわかりやすい様式建築だけを残しているわけでもない。鉄骨による産業遺跡も重要な保存の対象なのだ。海外の事例をみると、そうした物件も数多く世界遺産に選ばれている。

以前、築地市場を散策しながら思ったのは、大量のモノが陳列される場所という意味で初期のパリ万博の大空間とも類似性があること。しかし巨大な鉄骨の空間は市場の人によって徹底的に使いたおされ、すでに一夜にして得ることが不可能な増改築の場になっていた。区画分けされたひとつひとつのスペースを観察すると、まったく同じものはひとつもない。看板もそうだ。それぞれの使い勝手によって、すなわち身体感覚を反映して、あるいは限定された空間を有効利用すべく個別に独自の場所がつくられている。ここでは安価な建材をただ使った箇所でさえ工夫を凝らした努力がうかがえて微笑ましい。ほとんどが市場の人たちによるセルフビルドのリノベーションだろう。これらは長い歴史のなかで蓄積された市場のアクティビティの痕跡でもある。

東京の近代化の歴史を消し去るのはたしかにもったいない。では、もし市場の構造体だけが残るとしたら？　筆者は築地の大空間を見ながら、ヴェネツィア・ビエンナーレ国際美術展と建築展のメイン会場のひとつであるアルセナーレ（旧造船所）を思いだした。天井も十分に高いことから、サイズが巨大化している意欲的な現代アートのインスタレーションに使えるだろう。ここなら都心から近く、海外からの観光客にもアート関係者にも強くアピールしうる場所となるはずだ。石原が推進したトーキョー・ワンダーサイトアートスペースよりもはるかにインパクトがある。なぜなら、世界各地でふえている国際展は場所の魅力と場所のアイデンティティも重要だからだ。

名が知られている国際展は、しばしばあの場所で展示するという共通の理解がある。だが日本の場合、横浜トリエンナーレは最初の数回いつも場所を変えており、あいちトリエンナーレにしても愛知芸術文化センターや名古屋市美術館など展示されるハコそのものの魅力が弱い。したがって主催者が十分なお金を用意して海外からアーティストを招聘する必要がある。が、逆にヴェネツィア・ビエンナーレの各国館はそれぞれの国が自前でファンドレイジングをして参加している。たとえ自腹でも参加したい国際展だからだ。はたして東京でそのような場所があるのだろうか。ちなみに筆者らがリスボン建築トリエンナーレに参加したときも制作費はまったくもらえず、ただ展示場所を与えられただけだった。それでも出品しようと考えたのは、ポルトガルの巨匠アルヴァロ・シザが一九九八年のリスボン万博の際に設計した建物（ポルトガル館）が会場だったからである。

第8章　オリンピックは都市を変えるのか

誰のための復興五輪？

二〇一三年九月、ＩＯＣ（国際オリンピック委員会）の総会において東京オリンピック２０２０の開催が決定したとき、複雑な気持ちになったことをよく覚えている。今後間違いなく東京の建設ラッシュが過熱し、新しい運動施設のほかホテルや再開発のプロジェクトがふえ、東日本大震災の被害を受けたエリアの復興に悪い影響を与えるからだ。あまりに被害が甚大なものだったために、すでに人手や建材の不足によって全国的に建設費の高騰が起きており、さらに東京オリンピックが引き金となって巨大な資本が投下されることになれば人も材料も都心に奪われてしまう。にもかかわらず、なぜか東京オリンピックのスローガンには「復興五輪」という言葉が使われていた。実際、わずかな種目しか東北地方ではおこなわれないことをふまえれば、やはり世界の注目を集めるための飾りだったとしか思えない。また首相が招致のスピーチにおいて福島の原発事故は完全にアンダーコントロールだと発言し、開催を勝ちとっていたが、これは国民の目を政治からそらすオリンピックになるのではないか。

まさに開催が決定した日、筆者はあいちトリエンナーレ2013の芸術監督として音楽家の大友良英によるフェスティバルFUKUSHIMA IN AICHI!のイベントに参加していた。これは3・11を受けて福島で始まった新しいタイプの盆踊りであり、「揺れる大地」をコンセプトに掲げ、震災をテーマとしていたあいちトリエンナーレでは名古屋市栄のオアシス21を会場として開催された。いうまでもなく福島を忘れないぞというメッセージ性が強いイベントである。一方、政府は福島を世界から忘れさせようとすることに躍起だった。実際、ウィーンにおける「ジャパン・アンリミテッド」展（ミュージアムクォーター、二〇一九年九―十一月）では議員の照会を受けて大使館が日本とオーストリア国交百五十周年記念事業の公認をあわてて取り消したように、日本人による現代アートが海外で福島をとりあげた作品を発表することも快く思っていない。これ以外にもアーティストが海外展で原発をとりあげること自体に横槍が入ったケースもある。東京オリンピックは東日本大震災を忘却する、もしくはなかったことにするための華々しいイベントなのかもしれない。

もちろん、東京が次の関東大震災に襲われ、それから十分に復興をとげてからのオリンピックということであれば大義名分が立つ。今回の誘致が決定する前、ある雑誌が企画した東京オリンピックをめぐる対談において筆者はこのように発言したことがあった。なるほど一九六四年の東京オリンピックは戦時体制に突入して中止となった紀元二六〇〇年を祝福する東京オリンピック1940

を戦後にようやく開催し、日本の国際社会への仲間入りを印象づけた。そして続く大阪万博もキャンセルされた一九四〇年の東京万博をもちこしたものであり、ふたつの国家的イベントによって日本は敗戦したことも忘れられるような豊かな繁栄を手にした。しかし、いまの東京は計画停電などによって被災した気持ちにはなっているが、震災や津波で物理的に街が破壊されたわけではない。したがって、そもそも論で申し訳ないが、あえて二度目の東京オリンピックを開催する意義が理解できない。おそらく高度経済成長の夢よ、もう一度なのだろう。

幻の福岡オリンピック構想

もともと二度目の東京オリンピックの招致活動は、二〇〇六年に石原慎太郎都知事が着手したものだ。当初、彼はそのために丹下健三が設計した国立代々木屋内総合競技場を建て替えると公言し、大きな反発があったことから、すぐにこの案を引っこめている。日本近代建築史のみならずオリンピック史上名作とされるスタジアムを簡単に壊すと述べるのだから、彼にはすぐれた建築に対するリスペクトがないのだろう。ともあれ石原は安藤忠雄にグランドデザインの総監督を依頼し、湾岸を中心に会場をつくり、メインスタジアムも晴海に建設する予定だった。当時、緑に包まれながら大きなリング状の屋根（太陽光発電パネルを装備）が浮かぶ海辺のスタジアムのドローイングが発表されている。二〇〇七年の都知事選では建築家の黒川紀章が都市デザインを実行すべくみずから立候補し、東京の一極集中を批判していたことから、オリンピック誘致の中止も公約に掲げていた。

もっとも黒川は石原に敗れ、ＩＯＣの総会で東京はリオ・デ・ジャネイロに負けた。このとき都心部からのアクセスがよくなかったことも敗因と考えられたことから、二〇二〇年の招致では都心が会場に選ばれた。

もうほとんど忘れられていると思うが、日本国内で東京以外にも立候補した福岡のオリンピック構想はきわめてユニークなものだった。福岡は東京よりも早く二〇〇五年に議会で招致を決議し、九州出身の建築家、磯崎新に総指揮を依頼している。計画の作成には石山修武も協力した。磯崎が提示したストーリーはこれまでにない二十一世紀的なものだった。すなわち国威発揚の場として国民国家の首都でおこなうオリンピックを二十世紀の前時代的なものとみなし、逆に地方都市である福岡は立地のよさを生かして、アジアとネットワークを構築しながら二十一世紀型のオリンピックを開催するという。本来都市で開催されていたオリンピックが近代のナショナリズムに巻きこまれたのに対し、国家モデルからの脱却は世界史的にも正しい道筋ではないだろうか。これは磯崎らしいアイデアであり、都市をどうするかという問題提起もしているが、マスメディアは結局、都知事と福岡市長のおもしろおかしいバトルとして消費し、残念ながら都市ヴィジョンが注目されることはなかった。また多くの施設は博多湾の沿岸に集中させ、期間中は大型の客船を港に着岸させることでプレスセンターとして使うなど従来のハコモノ事業と違うアイデアも含まれていた。

しかし、国内で候補都市を一本化するＪＯＣ（日本オリンピック委員会）の委員会では東京のほうが知名度をもち、また資金力があることを理由に選ばれた。が、もしこの二点がほんとうに重要なのだとしたら、そもそもコンペをおこなう意味がない。おそらく福岡はどんなアイデアを提案しても最初から負けが決まっている。以前、NTTインターコミュニケーション・センターのシンポジウムで福岡が破れた経緯を磯崎に質問したところ、彼は怒りを込めて以下のように説明していた。本来は当然計画の内容がよければその都市を選ぶというふれこみであり、だからこそ福岡市は立候補したのだが、フタを開けてみると準備不足の東京都に対し福岡市のチームが意外によく練られた案を出したため、コンペのルールが変更になったという。それが知名度と財力である。つまり東京を選ぶことがあらかじめ決まっており、かたちの上だけコンペをおこなったのではないか。最終的にIOCの総会で勝ち残るかどうかはわからないが、重要な問題提起ゆえに筆者はいまでもオリンピック2016誘致のときは国内では福岡が選ばれるべきだったと思う。

結局、東京オリンピックは二〇一六年の次にあたる二〇二〇年の開催が決まった。ただし、そのプロセスには巨額を投じた不正の疑惑が報道されている。ほかにも八月の東京が理想的な気候であると述べたり、またザハ・ハディドが設計したスタジアムで世界からのアスリートをお出迎えするというプレゼンテーションをおこない、勝ちとった招致活動は結局嘘だらけになってしまった。小池都知事は打ち水や日傘状の帽子といったメディア向けのビジュアル重視のパフォーマンスに終始し、本質的な解決を提示できず、酷暑が引きおこすランナーたちの健康被害を否めないことから、IOCの主導によって目玉競技であるマラソンの開催地は札幌に変更された。小池はこれを「合意なき決定」と呼び、アスリートではなくマラソンの観覧のためにマンションを購入した都民を引きあいに出して、わだかまりを隠さない。またよく知られているように、プレゼンテーションでドローイングを提示し、東京の招致活動に大きく貢献したハディドの未来的なデザインはその後キャンセルされた。今回のオリンピックは国際的な約束を守らず、ゴネる東京を世界に向けて発信しているかのようだ。

注目された新国立競技場のコンペ

ハディドがコンペで選ばれたのは、東京オリンピックの開催が決定する一年前の二〇一二年だった。もともと新国立競技場は二〇一九年のラグビーワールドカップを照準にして計画され、その斬新なデザインはオリンピックの招致活動の目玉にも使われたが、白紙撤回によって設計者が変更し、工事が大幅に遅れ、ラグビーの会場には使われていない。ちなみに解体された旧国立競技場も当初は一九五八年のアジア大会のために建設され、後から一九六四年の東京オリンピックが決定したため観客席を増築している。国際コンペに関しては実績にもとづく高いハードルの参加資格や募集期間が短いことが批判されていたが、もともとコンペをおこなう予定がなかったらしく、これだけの規模の国家プロジェクトを国際コンペなしに決めるのはおかしいという意見が出て、なんとか実施したことが原因のようである。ちなみに国立代々木競技場のときはコンペではなく、施設特別委員長だった東京大学の岸田日出刀《ひでと》が国立競技場を手がけた建設省の営繕部（建設省関東地方建設局）が担当することを嫌い、優秀な建築家として弟子の丹下を推薦したことで設計者が選ばれた。

ともあれ、東京オリンピックの誘致を意識して五輪のメインスタジアムとして使える新国立競技場のコンペが実施された。これはひさしぶりの大規模な国家的な施設のコンペということで建築界の注目を集めた。当初の計画では国立競技場を建て替え、まわりにも拡張して収容人数五万四千人を八万人に増やすほか、コンサートやイベントなどの文化的な利用も想定している。また総工事費は千三百億円程度、二〇一九年三月の完成をめざしていた。コンペでは安藤忠雄が審査委員長を務め、国内十二点、海外三十四点、計四十六点の応募を集めている。案が公開されていたことから、最終審査の直前に日経BP社の建築系ウェブサイト、ケンプラッツでは読者が選ぶ最優秀案を人気投票の形式で決めていたが、一位は圧倒的な支持を集めたハディド、二位はSANAA＋日建設計という結果だった（二〇一二年十一月七日）。このとき投票した読者の評価を分析すると、「独創性がある」「ランドマーク性がある」という点が突出して高い。当時筆者もこのサイトを閲覧していたが、やはりハディドのデザインがずば抜けてインパクトがあるという印象だった。

図1　新国立競技場案（ザハ・ハディド、2012年コンペ時）北西側（日本スポーツ振興センター資料）

　二〇一二年十一月十五日、新国立競技場の国際デザインコンペの結果が発表され、世界でもっとも有名な女性建築家ザハ・ハディド

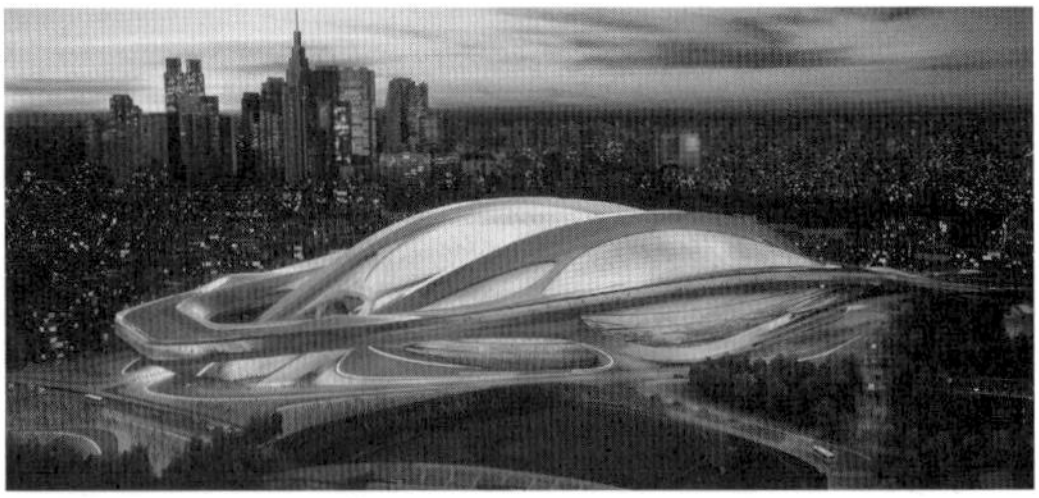

図2　新国立競技場案（ハディド、コンペ時）南東側（JSC資料）

が最優秀に選ばれた（図1・2）。彼女がロンドン・オリンピックの水泳競技施設（アクアティクスセンター、二〇一一年）を担当した実績も買われたのだろう。ともあれ、ハディドはコンピュータを駆使したデザインをおこない、直線はほとんどなく曲線を多用し、かたちがうねる流動的な空間が特徴である。実際、新国立競技場を描いた彼女のドローイングは、ＳＦ映画に登場する巨大な宇宙船が東京に降り立つがごとき未来的な雰囲気にあふれていた。その前年の東日本大震災がもたらしたショックを受けて建築界が日常的なコミュニティデザインの方向に流れていたことを想起すると、なおさらハディドの案は派手に感じられたはずである。

コンペの講評文では以下のように記されていた。「スポーツの躍動感を思わせるような、流線型の斬新なデザインである。極めてシンボリックな形態だが、背後には構造と内部の空間表現の見事な一致があり、都市空間とのつながりにおいても、シンプルで力強いアイディアが示されている。可動屋根も実現可能なアイディアで、文化利用時には祝祭性に富んだ空間演出が可能だ。（…）また、橋梁ともいうべき象徴的なアーチ状士架構の実現は、現代日本の建設技術の粋を尽くすべき挑戦となるものである。（…）アプローチを含めた周辺環境との関係については、現況に即したかたちでの修正が今後必要であるが、強いインパクトをもって世界に日本の先進性を発信し、優れた建築・環境技術をアピールできるデザインであることを高く評価し、最優秀案とした」。実際、他の案に強烈な案が少なかったことを考えると、ハディドがもっともめだつ案だったことは間違いない。

日本が発見し、東京から排除された建築家

新国立競技場案がメディアによって問題視された後、アンビルドの女王といった大むかしのイメージでしばしば言及され、ひどく誤解されていたが、そもそもザハ・ハディドとは何者なのか。いや、東京が何を失ったのかを確認しよう。彼女は一九五〇年、イラクに生まれ、ロンドンで建築を学び、一九八三年に香港のザ・ピークという山頂の施設のコンペで最優秀に選ばれ、衝撃的なデビューを飾った。鋭角的なデザインによる建築が激しく砕け散ったかのようなドローイングがあまりにも斬新だったからである。このとき審査員を務めた磯崎新が一度は落選案に分類されたプロジェクトの山から無名の彼女を発掘したエピソードもよく知られている。安定感がある構成を脱臼させる新しいデザインの傾向を紹介し、歴史的な展覧会となったニューヨーク近代美術館の「デコンストラクティヴィスト・アーキテクチャー」展（一九八八年）でもレム・コールハース、ベルナール・チュミ、ピーター・アイゼンマン、フランク・ゲーリー、ダニエル・リベスキンドとともに彼女は最年少として参加していた。筆者は一九八〇年代の後半に学部生だったから、彼女が登場した時代

図3　ヴィトラ消防署（ハディド、1993年）

の余波を記憶している。

一九七〇年代にハディドはロンドンの前衛的な建築学校であるAAスクールにおいてコールハースやチュミに学び、シュプレマティズムの絵画を含む抽象芸術に興味をもっていた。また脱構築主義の哲学からは影響を受けなかったようだが、卒業時には橋の上のホテルのプロジェクトをまとめ、移動する交通空間への関心がうかがえる。おそらく彼女の初期のデザインを貫く重要なテーマはルネサンス以来の透視図法的な空間の解体だった。ゆえに建築の断片が浮遊するようなザ・ピークのドローイングをはじめとして、驚くべき創造力によって空間を表象する図法そのものをたえず変革することに挑戦している。また筆者が最初に実現したヴィトラの消防署（一九九三年——図3）を訪問したとき、室内を歩くとたえず空間の焦点が不安定に揺れ動き、これはまさに落ち着いた透視図法的な建築の解体を実現したものと実感した。

なるほど一九八三年のデビューから約十年間、たしかにハディドは実作に恵まれなかった。東京でも一九八〇年代に実現しなかったものの、小さなビルのプロジェクト（富ヶ谷ビル、麻布十番ビル）を依頼されている。つまり彼女に初期の仕事を依頼したのは日本だった。当時、筆者はあまりに過激なデザインゆえに建築の実現はむずかしいのではと思ったことを告白しておこう。もっともそれは杞憂に終わった。一九九〇年代に突入すると次々とプロジェクトが実現し、二十一世紀にはグローバリズムの時代の都市間競争の波に乗って世界各地で巨大なランドマークを手がける事務所に成長した。たとえばイギリス、ドイツ、イタリア、オーストリア、アメリカ、アゼルバイジャン、シンガポール、中国、韓国などの大都市を訪れると彼女の作品を見学できる。おそらく、それらは建築を専門としない一般の人が見ても明らかに変わったデザインと感じるだろう。誰もが一目で覚える都市のランドマークになりやすい有機的な建築である。したがって現代のガウディといえるかもしれない。そしてハディドは、建築界のノーベル賞とされるプリツカー賞を二〇〇四年に女性としてはじめて受賞している。

図4　イタリア国立21世紀美術館（同、2009年）

一九九〇年以降、建築界では設計にコンピュータが本格的に導入されたが、ハディドもその恩恵に授かっている。とりわけ彼女が求める複雑な造形はこうしたテクノロジーの発展によって飛躍的に実現しやすくなった。そしてデザインは鋭角的な断片の集合から流動的な空間に変容している。現在、社会で広く共有されている彼女の建築イメージは後者のタイプだろう。たとえばローマの国

図５　イタリア国立21世紀美術館内観

立二十一世紀美術館（二〇〇九年——図４）は、うねるチューブの束が分岐したり融合しながら全体の空間を形成している。最大の見せ場は動きそのものを示す階段が縦横無尽に展開する吹き抜けだろう（図５）。流動的な世界観は、建築だけでなく家具やインテリアから外構やランドスケープにいたるまで徹底している。考えてみるとコンピュータは透視図法に代わる新しい空間表現に向く。ただしコンピュータは奇抜な造形をつくるＣＧのためだけに使われるわけではない。施設の計画、構造計算、動線、採光、環境、法規、構法、施工、コストの管理などあらゆる建築の要素を統合的にデザインするツールとして用いられる。彼女の新国立競技場案も、実現すれば二十一世紀的な新しいデザインの手法による建築となるはずだった。

　もちろん、いつもすばらしいわけではない。正直これまでに現地を訪れ、あまりいい空間とは思えなかったハディドの作品もある。だが逆に実験に成功し、新しい空間の体験を切り開いた建築も少なくない。個人的にあたりはずれの振幅が大きい建築家ではないかと思う。それは前人未到の設計手法を試みているからではないか。通常の図面や透視図法ならば五百年以上の蓄積が共有されており、あらかじめ空間がどうなるかをコントロールできる。モダニズムも百年の歴史をもち、優良な手法が洗練されている。だがコンピュータを用いた設計はせいぜい四半世紀の経験しかない。いまだ発展途上である。とくに実際の空間がどうなるかはさまざまな試行錯誤を経て誤差を修正し、設計の精度が上がっていくはずだ。

新国立競技場案がキャンセルされた後、おそらく心労もあって二〇一六年三月にハディドが急逝したとき、まだ六十代だったことを考えると、さらにコンピュータを活用した未来的な空間に挑戦していたと思われる。世界が彼女を失った損失は大きい。そして日本人が最初にザハの才能を発見したにもかかわらず、彼女の晩年にその可能性を拒否し、排除したのが結局東京だったことが悔やまれる。建築の専門誌ではなく日本の新聞やテレビでハディドの名前が何度も語られる日が訪れるとは思っていなかったが、結局メディアは世界的な建築家に対し真摯に向きあうことがなく、アンビルドの女王という失礼な呼び方を続け、エキセントリックな外国人女性というイメージをふりまいた。

東京はメディア建築を受け入れるか

二〇一九年九月、中国の建国七十周年を記念し、北京にザハ・ハディドが設計した巨大な空港がオープンした。おそらく空から俯瞰したとき、すなわち飛行機で到着する際に目撃することになるのだが、ヒトデのような印象的な造形が視界に入るだろう。まさに中国の勢いを象徴する建築であ

図 6　北京国家体育場（ヘルツォーク＆ド・ムーロン、2008 年）

る。二〇〇八年の北京オリンピックのメインスタジアムも国家的なイベントだからこそ、えいやっと大胆なデザインを実現できたアイコン建築だった（図6）。設計を担当したのはスイスのヘルツォーク＆ド・ムーロンである。建築は絵画や彫刻と違い抽象的なデザインだが、北京国家体育場は具象的なイメージを喚起する「鳥の巣」というニックネームが与えられたことで、われわれはその名前とデザインの特徴をすぐに覚えることになった。そして開会式の全世界中継によって、たった一日で何十億もの人間がその造形を目に焼きつけている。同時多発テロで崩れ落ちたワールドトレードセンタービルのような特殊な悲劇を除けば、メディアを通じてこれだけ瞬時に世界中の人々に記憶される建築はほかにないだろう。またオリンピックの期間中、レポーターはメインスタジアムを背景にしてしゃべることになるはずだ。すなわち現代社会におけるオリンピックのメインスタジアムは究極のメディア建築なのである。一方、かつては前衛的な建築が登場するもうひとつのイベントだった万博は、およそ半年間開催されるものの、全世界が注目するようなテレビによる生中継の場面がなく、相対的にヴィジュアルの重要性を失っている。

もうひとつ特筆すべきは、北京オリンピックの開会式だった。これは映画監督のチャン・イーモウが総指揮を務め、現代美術家の蔡國強が演出に関わったものである。クライマックスを迎えると、北京の中心部である紫禁城と天安門広場のエリアから巨人の足を表現する花火が次々と打ちあがり、その足跡が北上し、スタジアムに到着すると建築が花火に包まれるフィナーレを記憶している人は多いだろう。後に花火の映像はＣＧで作成されたものだと判明し、非難を浴びたが、都市論的にはすぐれた演出だった。北京の都市デザインは碁盤目状に構成され、政治関係の施設が集中する中心部に対し、真北のエリアに運動施設が整備されている（図7）。したがって南北を貫く都市の軸線の上を仮想の巨人が歩いていたわけだ。既存の都市構造を活用した壮大なスケールの開会式の演出は北京だからこそ可能であり、いかにも中国らしい。こうした明快な都市デザインがない東京では、そもそも無理だろう。そして皇居にふれることもできない。ちなみに磯崎新は、スタジアムを使うのは前世紀の古いフォーマットだと指摘し、東京でやるならテレビやネット中継を意識して皇居前広場に仮設の立体桟敷をつくり、十万人が集まる開会式を提案していたが、これならオリンピックの歴史に残るかもしれない。

図7　北京市規画展覧館の巨大都市模型（部分）。スポーツ施設のある北京市北部エリア（右手が南）

さてバブル経済の崩壊後、世界の動向とは反対に日本の再開発が保守化する傾向だったことをふまえると、コンペでハディドの案が選ばれたのは画期的だった。安藤忠雄が述べたように、日本のすぐれた施工技術によって彼女の建築が高い精度で実現すれば東京の新しい名所となっていたにちがいない。筆者がこれまで見学した彼女の建築でも、現地の技術が未熟であるため複雑なデザインに追いつかず、きちんと施工されていない事例もあったからだ。またその規模の大きさによって彼女の代表作のひとつにもなったはずである。だがドバイや中国では好まれるアイコン建築、すなわちそれ自体が新しい場所のイメージをつくるインスタ映えするデザインは、出る杭は打たれる風潮の日本ではあまり好まれない。そして実際にハディドの大胆な案は中止となった。今後日本におけるアイコン建築に対する忌避の空気は決定的になるだろう。ちなみにハディド案がキャンセルされた後、ヴェネツィアで彼女の回顧展を見る機会があったのだが、新国立競技場案は紹介されていなかった。事務所としてはもう思い出したくないプロジェクトなのだろう。

新国立競技場をめぐる騒動に関して、筆者は数多くの新聞や週刊誌からコメントを求められ、その反響の大きさを身をもって感じた。個人的にもひとつの建築としては過去最多数である。そうした意味で過去にほとんど類例がない国民的な議論を起こしたデザインである。建築に対する一般の関心が高いとはいえない日本において異例の事態といえるだろう。ただし一般のメディアと話すと、予想図とまったく同じものが実現すると思いこんでいる人が多いことに気づく。どんなコンペでも、いっさいの変更なく建つことはない。必ず予算や計画の変更に伴い、あるいは技術的な問題からいくらかの修正がなされて実現するものだ。したがって大胆な案に対して多くの意見が寄せられることには意味がある。ハディドの側も、ロンドン五輪のアクアティクスセンターでは屋根の形状で議論があり、「当事者以外から異論が出るのはいつものこと。話しあいはわれわれにとっても重要だ」と述べていた（『サンスポ』二〇一三年十一月一日）。ともあれ、ハディドの新国立競技場案は着工前から多くのメディアを巻きこみ、広く関心を集めていた。すなわち完成する前からすでに誰もが知っている建築になっており、新しい東京を広報するメディア建築としても十分に機能していたのである。

ワイドショーに消費されるデザイン

だが、ハディドは悪い意味でメディアに食いものにされた。近年、個人的にあまりテレビを見なくなっているのだが、それでもたまにつけると憂鬱な気分になった。連日のようにワイドショーなどの番組で新国立競技場や豊洲市場の「問題」をおもしろおかしくネタにしていたからだ。コメンテーターらが不確かな情報にもとづく憶測でさんざん不安をあおり、あげくのはてには豊洲エリアが風評被害にまみれてしまったという。みずからが風評をつくるというマッチポンプぶりにはあきれるが、ともあれ行政の手続きや広報、そして建築の「問題」がごちゃまぜになって悪いイメージだけが拡散されている。テレビというメディア自体、ネットの時代を迎え、以前に比べて広告収入が減り、制作現場は苦しくなっていると思われるが、貧すれば鈍するとでもいうべきか、安上がりに視聴率を稼げるコンテンツとして建築バッシングが使われている。政治家が変革の象徴として建築プロジェクトの卓袱台返しをすること自体は以前からあったが、いまはそれにメディアが飛びつき、エンタテインメントと化すようになった。

これは新国立競技場案の白紙撤回につながるマスメディアの過熱報道から現在も続いていることだ。まさかお茶の間のテレビでハディドの顔写真が見られるような日が来るとは思わなかった。しかし、完全に悪役のキャラとして認知されていた。家庭の主婦も彼女の名前を覚えるようになったことに心底驚かされたが、やはりテレビの影響力は大きい。トンデモ・デザインをやったからコストが途方もなく跳ねあがり、そもそも建設は不可能だとさんざんこきおろされていた。新国立競技場も豊洲市場も、あまりに一方的な言いように対して巨大な施設を手がけてきた実績があるプロの設計者サイドからの反論もあってしかるべきだと思ったが（ネット上では直接の当事者ではない建築の関係者によるさまざまな反論が出ていたが）、守秘義務のせいなのか残念ながら渦中ではほぼ沈黙していた。結局、ハディド側からの設計意図を明快に伝えるプレゼンテーションの動画が発表されたのも白紙撤回の後だった。

以前の東京五輪や大阪万博のときのような強いリーダーシップがなく、会場計画が迷走した愛知万博と同様、東京オリンピック２０２０のプロセスでも一般の声が大きな影響をもつ状況が発生した。佐野研二郎によるエンブレムのデザインではパクリ疑惑が生じたことでメディアが過熱し、ネットではデザイナーの家族がさらされ、危害予告まで出された。結局、彼はそうした状況に精神的に耐えられず、デザインを辞退している。念のために強調しておくが、本人はパクリを認めたわけではない。筆者も、この件に関しては先行する同種のデザインから間接的に影響を受けて日本とベルギーで類似したデザインが登場したと考えている（デザインの世界ではめずらしくない）。ともあれ脅迫というあきらかな犯罪が起きたにもかかわらず、オリンピックの組織もデザイナーの委員会も彼を守らなかった。ネットの炎上によって公的に決まったものを引きずりおろす状況は、あいちトリエンナーレ２０１９の「表現の不自由展・その後」でも続いている。実際、新国立競技場が問題化したとき、ハディドの事務所ではなくコンペの審査員を務めた安藤忠雄の事務所に電話のクレームが殺到していた。そこであいちトリエンナーレの事務局は開催前に安藤事務所をヒアリングし、電凸対策をしていたが、想定をはるかにこえる攻撃がなされ、展示の閉鎖に追いこまれている。

世論の反対が強くなった後、大会組織委員会の会長である森喜朗元首相は、「僕は元々、あのスタジアムは嫌だった。生ガキみたいだ。（現行案の二本の巨大アーチは）合わないじゃない、東京に」と発言している（「朝日新聞」二〇一五年七月十七日）。また建設費の見込みがはるかにこえることに対し、「とんでもない話。見積もりより高くなるなら設計屋をやめさせてもいい」と述べたという（「毎日新聞」二〇一三年十月二十五日）。建築意匠にあまり興味があるようにはみえない元首相でさえ、ハディドの新国立競技場案は何かしら一言いいたくなるほどの際立った個性をもつ。とはいえ、彼の言葉にはすぐれた建築家を「設計屋」と呼び、下請けの業者扱いの侮蔑的なニュアンスが感じられる。そしてダメな業者なら変えればいいという発想からは、公式な審査と手続きを経て設計者を選出する国際デザインコンペの意味もあまり理解していないことがうかがえる。政治家の一声で簡単に建築家を変更すれば、建築の分野において日本は国際的な信用を失う。

むろん、過去にそうした事例はなかったわけではない。いまでは考えられないことだが、日本の近代ではコンペを実施しながら、結局審査員や別の建築家が設計することはあった。もっとも国際コンペではない。が現代の日本でこれをやれば、信頼にもとづくコンペの制度そのものが破壊される。しかしながらハディド案を無条件に認め、黙っていればいいということを意味するわけでもない。お金がかかるなら変えちまえ、という乱暴な議論ではなく、人々があらためて東京の景観や建築のデザインを考え、意見を述べるいい機会のはずだった。そこで次章は、槇文彦がメインスタジアムの景観に対する影響や巨大すぎることについて批判した長文の論考を手がかりに、引きつづき新国立競技場の問題を考察したい。

第9章　「メイド・イン・トーキョー」のゆくえ

重鎮からのコンペ批判

世界的に日本の建築は高く評価されているにもかかわらず一般のメディアではほとんどそのデザインが話題にならない日本において、めずらしくザハ・ハディドの新国立競技場案は大きな反響を呼んだ。きっかけのひとつとなったのが、槇文彦が日本建築家協会の機関誌に寄稿したテキスト「新国立競技場案を神宮外苑の歴史的文脈の中で考える」（「JIA MAGAZINE Vol.295」二〇一三年八月号）である。もっとも正確にいうと、これは二〇一三年九月に東京開催が決定する直前に発表されており、当初は建築界のみで話題になったが、正式にオリンピックのスタジアムになることを受けて広く注目されるようになった。槇文彦の問題提起や関連のシンポジウムは『新国立競技場、何が問題か』（槇文彦、大野秀敏編、平凡社、二〇一四年）に収録されている。

前章で論じたように、オリンピックのスタジアムは、開会式を通じて一夜にして世界中にその存

図1 昭和初期の聖徳記念絵画館（明治神宮造営局、1926年）

在が知られることになるメディア建築だ。しかもハディドのデザインはインスタ映えするため、メディアと相性がいい。実際、香港の大学で彼女が手がけた未来的なジョッキークラブ・イノベーションタワー（二〇一三年）を訪れたら、若い男女が建築を背景にしてみずからの姿を撮影していた。なかにはコスプレをしている人もいた。メディア建築は場所と切り離され、画面で切りとられるものであり、現地を訪れないであろう圧倒的な多数に向かってアピールする。したがって長い時間をかけて道路沿いに代官山ヒルサイドテラスの一連の設計を手がけ、『見えがくれする都市』（SD選書、一九八〇年）を書いたように、都市の文脈や場所の経験を大切にする槇が彼女のデザインを批判するのは納得がいく。

また前述の論考で指摘される、施設のキャパシティが巨大すぎて縮小化社会に向かう日本においてオリンピックの後も有効活用されるのか、という疑問は重要なものだった。彼が示唆するように規模の見なおしや、一部を仮設としてつくり、後に撤去などの解決策も現実的である。実際、ハディドがロンドンで設計したアクアティクスセンターも観客席の一部を仮設としてつくり、オリンピックが終了した後にとりはずされた。

槇が指摘した神宮外苑の場所性も大事だろう。が、そもそも旧国立競技場は一九五八年に竣工後、一九六四年のオリンピック開催が決定したことを受け、明治神宮の意向に反してバックスタンドを拡張して高さの制限を解除したり、五〇メートルの照明塔を増築したものである。すでに神宮外苑からは美しいとはいえない高層のドコモタワー（NTTファシリティーズ、二〇〇〇年）もよく見える

図2　東京体育館（槇文彦、1990年）

が、出現したときに景観を損なわれるという強い反対の声はあがらなかった。また古いといっても、大正時代につくられた新しい人工な景観だし、聖徳記念絵画館（一九二六年——図1）もいまは慣れてしまったかもしれないが、神宮らしい伝統的な和風デザインではなく、当初は最新の展示施設であり、異形の存在だったはずだ。ゆえに、見たことがない不思議なかたちで両者が共存する未来の姿もありえたと思う。また二〇一六年の東京オリンピック誘致時は湾岸でスタジアムを提案していたように、そのまま敷地を変えてしまうウルトラCの解決法も想像したくなる。もともと場所との関係が薄い未来的な形態である。つまりUFOのような新国立競技場だから、海辺に舞い降りてもらうのだ。

ほかにも槇は、参加者が限定されるコンペの閉鎖性、設計者の位置づけ、場所にそぐわない景観の問題、競技場以外の用途が不要に多いことなど発注者側や都市計画の問題を正確に指摘し、建築家のあるべき役割を提示していた。それゆえ、プリツカー賞の受賞者である彼は、国立競

技場に隣接する東京体育館（一九九〇年──図2）のほか幕張メッセ（一九八九年）や朱鷺メッセ（二〇〇三年）などの大きな施設も手がけ、新国立競技場のコンペに参加できる有資格者でありながら、案を提出しなかった。新国立競技場は純粋なスタジアムではなく、博物館、図書館、フィットネス、飲食エリア、ＶＩＰエリアなどさまざまな付帯施設が大きな面積を占めていた。コストに関してデザインが諸悪の根源とされがちだが、別のプログラムを詰めこみすぎたことは、後からコスト増の大きな要因になったものである。

プログラムと発注者

いうまでもなくプログラムは建築家が決定するものではなく、さまざまな諸団体の意向をそのまま反映し、上積みされたものだろう。本来は発注者のＪＳＣ（日本スポーツ振興センター）が設計者と調整すべきものだ。たとえば住宅の設計でも、最初は施主がプールやジャグジーもほしいなどドリームプランとして過剰なスペックを要望しても、それを受けて設計し、見積もりで予算がオーバーしたら、すぐに建築家と相談しながら何を削るかを検討するだろう。しかし、ＪＳＣは重要な国家プロジェクトだから、いくらでもお金は出せると考え、設計サイドから提示した減額案になかなか応じず、関係団体の要望をあれもこれも入れたプログラムの見なおしが遅れるなどプロジェクトのマネージメントがうまく機能しなかった。

個人的なことだが、まさに新国立競技場がニュースを賑わせているときにはじめてＢＣＳ賞（日本建設業連合会）の審査に関わった。一般的に多くの建築賞はデザインが評価の対象になるが、これは事業主、施工者、設計者の三位一体が重視されるユニークな顕彰のシステムである。当然、新国立競技場も豊洲市場（日建設計、二〇一六年）も設計者が勝手にデザインしたわけではない（ただし建築家の自邸や学生の卒業設計は、みずから敷地、条件、プログラムを決定できる稀有な例）。JSCや東京都が基本的なプログラムや事業計画を立てており、それも含めて施工者や設計者と良好な関係を結び、すぐれた建築が誕生する。だが、複雑な背景を考えることなくメディアは叩きやすい顔をもつザハ・ハディドを攻撃し、視聴者は満足してスッキリする。こうした騒動を通じて事業主がちゃんとしていないといい建築が実現しないとあらためて思うにいたり、BCS賞の重要性を確信した。しかし、業界内では有名なこの賞は一般的に知名度があるとは言いがたい。

むろん、専門家以外も建築に興味をもつことは悪いことではない。無関心であるよりは多くの人が意見を述べるのは基本的によいことだと思う。パリのエッフェル塔（一八八九年）、ポンピドゥーセンター（レンゾ・ピアノ、リチャード・ロジャーズ、一九七七年）、ルーヴル美術館のガラスのピラミッド（I・M・ペイ、一九八九年）も大胆な造形ゆえに是非をめぐって話題になり、やがて都市のランドマークとして受け入れられた。広告代理店に依頼しなくても、建築が有名になるのだから、パリはしたたかである。二〇一九年にノートルダム大聖堂で火災が発生し、屋根や尖塔が崩れ落ちた後、ただもとの姿に戻すだけではなく、ラディカルなデザインを含む新しい姿の再建案が頼まれてもいないのに多く寄せられ、世界中の注目を集めたことも記憶に新しい。一方、同年に炎上した沖縄の首里城では、焼失前の姿に戻す以外のアイデアはまったくなかった。

筆者は、新しい建築プロジェクトが議論を巻き起こすことは大きな意味があると考えている。それゆえ当初、筆者は槇の呼びかけに賛同し、文部科学大臣と東京オリンピック・パラリンピック担当大臣宛に提出された「新国立競技場に関する要望書」（二〇一三年十一月七日）に名前を連ねたことを告白しておく。これは「外苑の環境と調和する施設規模と形態」や「成熟時代に相応しい計画内容」などを考えるよう求めたものだった。正直、案がひっくりかえることはないと思っていたが、東京に新しく誕生する建築に対する一般の議論を広めることに意義を感じていたからである。しかし、その後これが想像以上にメディアで過熱し、首相の思惑によりほんとうにコンペの結果がキャンセルされたことを受けて後悔することになった。叩かれながらも、ハディドの競技場はデザインの修正を経て完成し、やがて広く受け入れられるべきだった。したがって「インポッシブル・アーキテクチャー」展（埼玉県立美術館ほか、二〇一九―二〇年）でこのプロジェクトが本来建設可能だったことを紹介したのは、せめてもの罪滅ぼしだと思っている。

プロジェクトと対決する市民運動

あるいはアメリカの巨大な開発プロジェクトに叛旗をひるがした市民運動を経て独自の都市思想に結実させたジェイン・ジェイコブスのように、批判する側にも哲学があればオルタナティブなモデルを提出しうる。だが現在の日本で起きていることは、ガセネタでもなんでもよいから気に入らない案件を炎上させ、専門家が時間をかけて構築してきたプロジェクトを引きずりおろす一時のカタルシスに熱狂する文化革命的な祭りであり、終わった後には何も残らない。正直、誰が得するのだろうかとさえ疑問に思う。悪意のある放火を繰り返していけば、まともに公共建築もできなくなる。近年、ワークショップを伴うコミュニティデザインが注目されているのはハコモノをソフトランディングさせる手法になりうるからだろう。一方で、メディアの安易なバッシングへの対抗言説のつくり方も検討すべきではないか。

本来、槇のテキストはコンペの前提に関わる理性的な批判だった。しかし、メディアは建築家やデザインこそが悪者というわかりやすい物語にすりかえ、結局は金の問題で議論が沸騰し、感情的な非難に変容していく。景観の問題もきちんと議論されたわけではない。しかもハディドさえはずせばすべての問題が解決するという排他的な雰囲気が醸成されたのは残念だった。白紙撤回の結果、仕切りなおしの「国際」コンペでは、最初からゼネコンと組むデザインビルドの条件が加わり、ハディドの再応募が不可能なほどもっと閉じたシステムに変わり、指摘された問題が解決されないいま建築家の役割だけは弱くなった。惜しまれるのはコンペの結果が出る前に槇が大きな声をあげていなかったことである。なぜならハディドがサイズやプログラムを決めたわけではなく、コンペの要項が巨大スケールの複合施設を導いているからだ。この論考は勝者が決まってから半年以上後に発表されており、もし東京がオリンピックの招致に失敗していれば、それほど話題にならなかったかもしれない。

槇グループの建築家による提言と市民運動が結びついたことも特筆されるだろう。作家の森まゆみの『森のなかのスタジアム』（みすず書房、二〇一五年）は「神宮外苑と国立競技場を未来へ手わたす会」の二年間の活動を紹介しているが、彼女は景観を守るべく新築をやめて旧競技場の改修を提案していた。同書によれば当初メディアは冷たかったらしいが、途中からテレビ局が「視聴率がとれますからね」と言うようになり、「私たちも驚いた白紙撤回」につながった。が、反対してきた彼女たちもその後の展開に満足できない「白紙撤回」となったところに問題の根深さがあるのではないか。

ちなみに槇の論考は、ハディドのコンサートホール（バーゼル）やラファエル・モネオの文化施設（チューリヒ）の案が市民投票によって否決された海外の事例も紹介している。こうした直接的な意志を表明する市民社会の成熟度とは少し違うが、日本でも市町村レベルではハコモノ事業がいわば政争の具になり、コンペ案が建たなくなることはある。世界都市博のプロジェクトも、中止を掲げた青島幸男が都知事選に勝利した結果、すでに一部が着工していたにもかかわらずキャンセルされた。もっとも、国立の施設だと行政単位が大きすぎて、誰がこれを決めるのかがややこしい。さすがに国政選挙マターになりにくいだろうし、ましてや国民投票はなおさらむずかしいだろう。つまり国民がその可否を決めるシステムがないのだ。

国民的な議論は可能なのか

スイスの事例を紹介しよう。チューリヒのスイス国立博物館の増改築では、中世風の本館と対決するような新館のラディカルなデザイン（クリスト&ガルテンバイン）をめぐって、十数年におよぶ国民的な議論がおこなわれた。二〇〇二年に計画が発表されると反対の声があがったことで延期され、その後は連邦議会での可決、国民投票の承認、連邦裁判所の判決を経てようやく二〇一六年に完成した。よく知られているように、すぐにつくってすぐに壊す日本と違い、ヨーロッパでは公共建築を実現するのに時間がかかるが、いったん完成すると長く大事に使われる。筆者はハディドによる新国立競技場案を白紙撤回するくらいなら、もはや無理に二〇二〇年のオリンピックに間に合わせるのではなく、祭典の後、時間をかけて建設すればいいのではと考えていた。少なくとも半世紀ぶりの大きなプロジェクトを拙速に決めるべきではない。これまで検討を重ねた設計図面を破棄し、もっと短い時間で新しく設計をやりなおし、急いで建設すれば、それだけ無駄な支出がふえる。むしろオリンピックが終われば都内のプロジェクトのラッシュが落ち着き、職人や資材の奪いあいによる建設費の高騰もなくなる。これはオリンピックのためだけの建築ではない。もっと長い時間のスパンから考えるべき国家的な建築だ。

また海外では市民に対する建築プロジェクトの情報発信も手厚い。たとえばベルリンのフンボルトフォーラムなど都市の中心部に建設される公共施設では、工事現場の隣で仮設のパヴィリオンを一般公開し、プロジェクトの内容を詳細に説明している。アジアでもシンガポール・シティ・ギャラリー（URAセンター内）やソウルの都市建築展示館（ターミナル7・アーキテクツ、二〇一九年）は市民に対し、今後、市が計画しているプロジェクトを公開していた。残念ながら日本ではこうした施設がない。また設計する側も行政だけに向くのではなく、もっと積極的に情報を発信し、つくるならいいものを、という意識を広める必要がある。メディアによる一方的な批判に晒されていたとき、設計者サイドが守秘義務という縛りのためか、ほとんど反論をしなかったのは残念だった。

メディアの報道も一方的だったように思う。当時、筆者は複数のメディアからコメントを求められたが、事業主のプログラムを検証せずに、建築家だけを一方的に批判するのはおかしいと述べても、先方の意に沿わない回答のためかまったく紹介されなかった。もはや反対しないだけで国賊扱いなのだろう。つまり、メディアがある対象を叩くモードになっているときは特定の方向の情報のみが増幅するシステムになっており、それ以外の意見は無視される。ちなみに露骨な誘導という意味では、ハディドや安藤忠雄は他の仕事で何か失敗していないか、ネタを教えてほしいという質問も筆者に寄せられた。結局、新国立競技場に対する筆者のコメントがふたたび新聞に載るようになったのは、白紙撤回の後である。二十年近く新聞に建築評を定期的に寄稿し、建築のおもしろさを伝えようと努力していたが、新国立競技場の一件は積みあげてきたものが簡単に崩れるような徒労感を味わった。

巨大建築ということ

別の視点から考えたい。まず巨大さというテーマについて、筆者の著作『新宗教と巨大建築』

（講談社現代新書、二〇〇一年）から話を始めたい。博士論文をもとに書かれたこの本では、じつは当初、論文と同じタイトルの「新宗教と建築」になるはずだった。しかし、印刷を間近に控え、たしか営業部からの意見だったと記憶しているが、「巨大」の二文字を入れたいという要望が伝えられた。いうまでもなくそのほうが書名はインパクトをもち、売りあげに貢献するからという判断である。筆者は即答せず、二、三日ほど悩んでから、結局この提案を受け入れることにしたが、専門書ではなく新書という多くの人が手にとるタイプの本では、やはりこのほうが注目されやすいのだろう。むろん、やや品がないこの言葉は、一般の人がなんとなく抱いている新宗教はいかがわしいものというステレオタイプのイメージを呼び起こすはずだ。もっとも、この本ではきわめてまじめに新宗教の建築を分析しているのだが。

ともあれ「巨大」という言葉だけでも人目を引くわけだから、実際にデカいものはシンプルに訴えるだろう。たとえば古代のピラミッドやローマのコロセウム、あるいは中世の大聖堂も当時としては先端的なテクノロジーを駆使した最大級の建築だった。これらは超高層ビルを見慣れたわれわれにとってもいまなお十分な強度をもつ。ただ大きいということは、建築の専門家でなくとも、またデザインのリテラシーがなくとも、スケールの基準となる人間の身体が変化しないかぎり古代人であろうと現代人であろうと変わらぬインパクトを与えるだろう。ちなみにコロセウムは四万五千人を収容できる規模だった。東京の旧国立競技場が五万四千二百二十四人だったことを考えると、コロセウムがすでに古代において相当なサイズを実現していたことがわかるだろう。丹下健三による国立代々木屋内総合競技場は、第一体育館が一万三千二百四十三人、第二体育館が四千百九十五人、そして芦原義信の駒沢オリンピック公園総合運動場の体育館は最大三千四百席である。

ヘルツォーク&ド・ムーロンが手がけた北京オリンピックのメインスタジアム、通称「鳥の巣」は八万人（最大で九万一千人）を収容する。またサンティアゴ・カラトラバによるアテネ・オリンピックのスタジアム（二〇〇四年）は約七万人、二〇一二年のロンドン・オリンピックのスタジアムは八万人のキャパシティだった。近年に建設されたサッカーのスタジアムでも、ヘルツォークらによるミュンヘンのアリアンツ・アレーナ（二〇〇五年）が六万六千人、日産スタジアム（横浜国際総合競技場、松田平田設計ほか、一九九八年）が七万二千人である。となると、いい悪いを抜きにして、東京へのオリンピック招致を成功するために国際スポーツ大会の条件にもなっている八万人収容の規模のスタジアムをコンペの要項に組みこんだのは必然なのだろう。招致に関わった鈴木寛も、競技場案が「大きなアドバンテージ」となり、これがなかったらオリンピックが来なかったかもしれないと述べている（「春秋」二〇一三年十二月号）。しかし、新型コロナウイルスの流行が拡大してもオリンピックを決行した場合、世界最大級の無観客試合をテレビで視聴することになるかもしれない。

東京の景観問題

だが、今回は場所が問題となった。鳥の巣は、北京の都市計画から考えても故宮や天安門広場がある南北の中心軸を延ばした場所に位置している。しかも向かいに北京国家水泳センター「ウォーターキューブ」（PTWアーキテクツほか、二〇〇八年）が立ち、ふたつの建築によって軸線を挟む。また都心から離れた広大なスポーツのエリアに設置されており、景観問題になりにくい。ゆえにオープニングでは花火によって表現された巨人の足が北に向かって歩き、スタジアムに到達してクライマックスを迎えるという都市スケールの演出が可能だった。また北京では、天安門広場の周辺に高層ビルや巨大な構築物をつくることができないよう厳格に景観がコントロールされている。

一方、東京ではそもそもこうした都市計画と建築の関係がうまく成立しなかった。日本銀行、国会議事堂、最高裁判所、東京タワー、東京スカイツリーなど主要なランドマーク的な建物も、都市軸などに位置づけられることなくスタンド・アローンの単体として存在する。ヨーロッパであればこうした重要な建築の手前には広場があるなど都市デザインと連動するはずだ。ちなみに名古屋や札幌のテレビ塔、大阪の通天閣は、細長い公園や道路など都市の軸線と呼応した位置に建ち、効果的なアイストップとして機能している。だが時代の変化を受けてバージョンアップしたサイズにより同じ場所での建て替え計画になった新国立競技場は、都市デザインと関係ない東京建築の典型だろう。もっとも、二〇一六年のオリンピック招致のときに予定していた湾岸が敷地のままであれば神宮外苑という意識すべき都市の歴史的な文脈がなく、これほど大きな問題にならなかったはずだ。

過去にも東京では、構築物の巨大さをめぐって、ときおり景観問題が起きている。近年では首都高と日本橋の問題があげられるだろう。それこそ一九六四年の東京オリンピックを契機に、土地を買収することなく羽田空港と都心をつなぐインフラを迅速に整備するために最初の首都高速が出現した。しかし、歴史的な日本橋の上部を覆うのは景観破壊のシンボルとされ、美しい景観を口実として首都高の地下化が決定した。ただし筆者は拙著『美しい都市・醜い都市』（中公新書ラクレ、二〇〇六年）で示したように以下の疑問を抱いている。首都高速を解体しても、景観論者がいうように江戸の風景はよみがえらないこと（むしろこれに伴う周囲の大規模な再開発は許容されるのか?）、これは美観という名目によるかたちを変えたハコモノ行政ではないか？ そして世界に先駆けた首都高速のほうが、もしかすると明治時代に西欧の模倣でつくられた日本橋よりも価値をもつのではないか？ 完成時は未来の道路として賞賛され、その後批判されるようになったが、評価はまた変わるかもしれない。ちなみに首都高は日本橋を物理的に壊したわけではないが、今度は日本橋のために首都高を消去する。一度失われた構築物は、三菱一号館のような特殊事例を除くともう復活することはない。

前川國男による東京海上ビルディング本館（現・東京海上日動ビルディング本館、一九七四年）は皇居を見下ろす超高層ビルであることを美濃部都知事が問題と考え、美観条例によって規制しようとした。これは国会でも言及されるほど注目された結果、設計変更を余儀なくされた。他にも色彩をめぐって、ガエ・アウレンティによるイタリア文化会館（二〇〇五年）の赤い外壁が周囲への影響や皇居周辺の景観にふさわしくないと批判された。東京海上ビルと同様、皇居との関係が指摘されているのは興味深い。もっとも二十一世紀に入り、バブル崩壊で中止した三菱地所の「丸の内マンハッタン計画」がある意味ではよみがえり、東京駅の丸の内側は急激に超高層化が進み、東京海上ビルをはるかにこえるガラス張りのタワー群が出現した。なお東京海上ビルはツルツルの表面ではなく彫りが深い表情をもち、タイルを打ちこんだ外壁はむしろ味わい深い。これは前川が雪国の弘前における初期のプロジェクトで失敗を経験したことから日本の風土になじむモダニズムを探求するなかで生まれたデザインであり、東京都美術館（一九七五年）や宮城県美術館（一九八一年）などでも用いられた手法だった。景観問題は京都駅ビルのコンペ（一九九〇―九一年）でもそうだったが、わかりやすい高さや大きさの問題だけに集約されがちである。しかしもっと多様な評価軸から総合的に判断すべきものだろう。

デザインのむずかしさ

一般的に小刻みに空間を分節し、親しみやすさをもつヒューマンスケールの建築に対して、巨大な建築はよほどの力量がないとデザインのコントロールがむずかしい。たとえば最大五万五千人を収容する京セラドーム大阪（日建設計、一九九七年）は、やはり銀色の宇宙船が舞い降りたような造形である。周辺環境になじむものではなく、これ自体がシンボリックなランドマークとならざるをえない。一九六四年の東京オリンピックのために建設された施設も、建築評論家の松葉一清は駒沢体育館を「あたかも新宗教の本堂にでもありそうな単純な象徴性を持つ造形」（おそらく悪い意味でこの比喩は使われている）、駒沢陸上競技場（村田政真）も大味な造形ゆえに「今もどこかにありそうな独裁国家の記念碑的建築に通じた存在と思えてくる」と批判している（「東京人」二〇〇四年九月号）。また横山公男による大石寺正本堂（一九七三年）はダイナミックな構造表現主義の傑作だが、建築史家の村松貞次郎は巨大すぎるゆえに「グロテスク」であり、「ファシズムを連想するおそろしさを感じる」と酷評した。大友克洋の漫画「ＡＫＩＲＡ」でも、代々木の競技場とよく似た建築が新宗教の神殿として使われている。

大きいことは権力や宗教を連想させ、気持ち悪いのだ。おそらくローマ帝国の絶大な力が実現させたコロセウムも、当時その概念があるならば都市景観を破壊する存在として登場したと思われる（いまでは血なまぐさい性格があまり意識されず、世界遺産として親しまれているが）。むろん、こうしたモラルを挑発する建築界のヒール、レム・コールハースは、権力や宗教ではなく資本主義がもたらす巨大建築、すなわちビッグネスを善悪の彼岸をこえたものとして評価した。しかし、オリンピックの競技場はメガ・ショッピングモールではなく、国家の施設である。実際、なんの違和感なく、八万人収容のスタジアムを建設することは相当にむずかしいだろう。もとのプログラムが変わらないかぎり、誰がデザインしても神宮外苑において異物として出現するはずだ。

それでもハディドが設計に関わるならば、より優れたものをつくってほしかった。実際、彼女は徹底したプロ集団というべき数百名のスタッフを抱えた世界有数の設計事務所を率いており、トップランナーとして世界各地で巨大建築を手がけている。『ザハ・ハディッドは語る』（瀧口範子訳、筑摩書房、二〇一〇年）によればペットショップボーイズのステージデザインや展覧会といった仕事に加え、ドイツ、イギリス、アメリカ、イタリア、フランス、中近東などの建築プロジェクトに真摯に関わっていた。二〇一九年、カタールでは屋根が開閉する曲線的なサッカー場、アル・ジャノブ・スタジアムがオープンしている。ハディド事務所のパートナーであるパトリック・シューマッハは、人と空間のインターフェイスも考慮したパラメトリック・デザインによってイメージと現実のズレをなくし、建築の精度をあげているという。その成果が東京で反映される未来を目撃したかった。

図3　新国立競技場案（ザハ・ハディド、2014年基本設計時）南西側（日本スポーツ振興センター資料）

実現されるはずだった未来

新国立競技場案は過激に見えるが、条件だった開閉式の屋根があるスポーツ施設ゆえに、左右対称にするなど通常の作品よりも抑えたデザインである（図3）。ハディドの事務所はデザイン監修の立場だったが、外観を提案して終わりではなく、批判を受けて設計JV（日建設計ほか）と議論しながら景観やコストに配慮した設計変更に対応するなど本腰を入れて関与した。彼女にとって構造と意匠の統合において新しいステージになる作品だった。日本にとっても今後の主流となるコンピュータ時代の本格的な設計と施工に挑戦するチャンスだった。にもかかわらず、メディアでは身勝手な女性建築家というイメージが流布された。ハディドの事務所は設計JVと連携し、四千枚以上の実施図面が作成されている。白紙撤回後に公開されたプレゼンテーションの映像によれば以下のような工夫がなされていた。ロンドン・オリンピックの施設を担当した経験を生かし、周囲への圧迫感を減らすサドル型のスタンド、イベントを開催していないときも公共に開放される空中歩廊、工期を短縮するキールアーチ、臨場感を失わない客席の配置、飲食施設へのアクセス、多目的利用に適した屋根面、照明計画、避難動線、事業運営の経済性などさまざまな与件をクリアしつつ、価値を生むデザインを提案した。

しかし二〇一五年七月、建築の可能性が抹消された。ザハ・ハディドの新国立競技場案が安倍首相の「英断」によって白紙撤回になったからである。それは多くの反対の声を押しきり、国会で安保法案の強行採決がおこなわれた直後だったが、メディアの注目は一気に新国立競技場プロジェクトのゆくえに注がれた。そもそも国際コンペに勝利した彼女のデザインは、二〇一三年のIOC総会では首相が個性的なスタジアムの建設をアピールしたことにより、二〇二〇年東京オリンピック・パラリンピックの招致活動において多大な貢献をした。すなわち国際公約が反故にされたのだ。筆者は、将来日本の現代建築を振り返ったとき、この事件は大きな禍根を残すのではないかと懸念している。再コンペで導入されたデザインビルドの方式によって建築家の役割が制限されることになったからだ。ともあれ、世界各地で受け入れられたハディドのデザインを日本は拒絶した。そして新国立競技場のプロジェクトの一方的なキャンセルに納得がいかないまま、彼女は二〇一六年三月に急死した。もし亡くならなければ訴訟が起きていたかもしれない。磯崎はハディドの死を受けて以下の追悼文を発表している。

〈建築〉が暗殺された。

ザハ・ハディドの悲報を聞いて、私は憤っている。

三十年昔、世界の建築界に彼女が登場したとき、瀕死状態にある建築を蘇生させる救い主があらわれたように思った。

彼女は建築家にとってはハンディキャップになる二つの宿命——異文化と女性——を背負っていたのに、それを逆に跳躍台として、張力の漲るイメージを創りだした。

（…）そのイメージの片鱗が、あと数年で極東の島国に実現する予定であった。

ところがあらたに戦争を準備しているこの国の政府は、ザハ・ハディドのイメージを五輪誘致の切り札に利用しながら、プロジェクトの制御に失敗し、巧妙に操作された世論の排外主義を頼んで廃案にしてしまった。

その迷走劇に巻き込まれたザハ本人はプロフェッショナルな建築家として、一貫した姿勢を崩さなかった。

実際、ハディドはずしの運動ではオールジャパンでやろうという声まで出たし、また仕切りなおしのコンペでは当初の国際コンペにはなかった新しい条件が追加されていた。すなわち木材を活用すること、日本らしさを表現すること、日本語で設計案を提出することである。世界中から広く案を集めるはずのコンペなのに、木を使い、日本らしさを求めるという要項の追加は唐突さが否めない。磯崎は『偶有性操縦法』(青土社、二〇一六年)において、都市のイベントだったオリンピックに国家が口を出し、オリンピックも国家も理念ではなく経済が優先されるようになったこと、また「日の丸」排外主義が発動し、魔女狩りによってザハが退場したことを批判した。そしてなかばヤケクソ気味に旧国立競技場の解体により明治神宮外苑に生じた巨大な空地に奇跡的な可能性を見いだし、戦後の焼け跡のような競技場跡の新しい空地をつなぎ、東京を祝祭都市に変える大胆なアイデアを披露している。

仕切りなおし新国立競技場のコンペ

かつてこれほど注目されたコンペはなかった。テレビがその推移や結果をいちはやくニュースで伝え、新聞や雑誌など各種のメディアが一斉に報じたのは未曾有の事態である。仕切りなおしとなった二度目の国際コンペでは、諸条件を解くだけでも相当な時間のかかる巨大なスタジアムの具体的な提案を短期間で作成すること、当初案のキャンセルのためさらに短くなった工期にもかかわらず、もっと厳しいコストのコントロールを実行すること、ゼネコンとチームを組むこと、そして新しく追加された日本らしさや木の使用といった要素を満たすことが建築家に求められた。その結果、厳しい条件をクリアして応募できたのは日本人の隈研吾＋大成建設と伊東豊雄＋竹中工務店のみだった。実質的に国内のコンペである。ちなみにハディドは再度日建設計と組んで応募することを試みたが、相方となるゼネコンが見つからず、参加がかなわなかった。デザインビルドの壁によって周到に排除されたといえるかもしれない。四十六案が集まった一回目のコンペでさえ応募のハードルが高すぎて競争原理が働かず、閉鎖的だと批判されたことを考えると、わずか二案という二度目の参加者がいかに少ないかがわかるだろう。

とはいえ二〇一五年十二月に公開された、難関を突破した二案は想像以上の力作であり、それぞれの持ち味を出していた。隈はポストモダンの建築家としてデビューしたが、バブル経済が崩壊した後の社会の状況に応えるべく、一九九〇年代の半ばから二十年以上にわたって現代における日本的な空間、木材の使用、周囲に威圧感を与えない建築を追求している。彼が提案した日本の古建築を連想させる大きな軒庇の下の縦格子は、那珂川町馬頭広重美術館（二〇〇〇年）やサントリー美術館（二〇〇七年）などで試みたものだ。一方、伊東は一九九五年のせんだいメディアテークのコンペ以降、新しい構造とデザインの関係を切り開き、変化を続けてきた。ふわりとした屋根を支える木造の巨大列柱が縄文的な力強い祝祭空間をイメージさせる今回の案は彼の新機軸でもある。一九五〇年代の日本の伝統論に沿って分類すると、弥生／縄文の構図が反復したようにもみえるが、今回は日本的なものをめぐる言説がもりあがったわけではない。

二〇一六年十二月下旬に勝者が決定した。最終的に七名の審査員の採点では隈が八点上まわり、

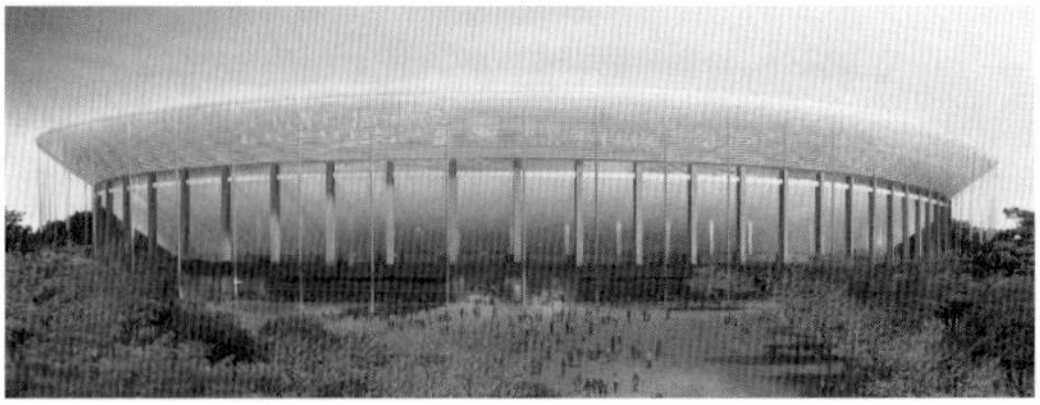

図4　新国立競技場B案（伊東豊雄、2015年/JSC資料）

選ばれたが、九百八十点満点だから僅差というべきだろう。ハディドの斬新なデザインがはずされた経緯をふまえると、伊東が構造の冒険に挑戦した未知の魅力よりも隈の洗練された安定感とコスト・工期の安心感が決定の要因になったと思われる。なおネット上の人気投票でも、隈案のほうが支持を集めていた。ところでハディドのプロジェクトがキャンセルされたとき、筆者は頭のなかでこういう状況でおさめられるのは隈ではないかと想像していた。したがってそのとおりの結果になったわけである。

もっとも、個人的には本来はハディド案のままでやるべきだったと考えているが、それでもこの二案からどちらかを選べと言われたら、木による構造の可能性を提示した伊東案（図4）のほうをより魅力的に感じた。二度目のコンペでは、結果を決定する前に案を公開し、広く意見を求めたプロセスは評価できるだろう。ハディド案が撤回に追いこまれたのも秘密主義が一因だった。すでに人々が決定の経緯を注視したことで隈の案に親近感を抱いたはずである。今後、プロセスの透明性が国民に受け入れるための鍵になるだろう。

一九六四年の東京オリンピックは、日本の建築界にとっても大きな節目だった。丹下健三が手がけた代々木競技場は日本の近代建築が世界水準に到達しただけではなく、世界のオリンピック建築史上においても傑作となったからである。これは吊り屋根の構造によりダイナミックな空間をつくるとともに古建築の屋根を連想させる美しいカーブを実現した。また山田守が設計した日本武道館も大きく観客席が張りだした大胆な構造だが、屋根は法隆寺の夢殿のようである。当時の建築界では、いかにモダニズムと伝統的なデザインを融合させるかが議論され、いずれの建築もそうした時代背景を反映している。二〇二〇年のオリンピックに際して両施設ともに改修されたが、基本的には耐震化やバリアフリー化を目的とし、一部の増築はあるが特徴的な外観は変わらない。

図 5　新国立競技場（隈研吾、2019 年）

大空間を覆う競技場はシンボリックな屋根の造形や工法がデザインのポイントとなるが、今回新しく登場する施設は、構造、外観、内装に木を積極的に用いたことが注目される。すなわち一九六四年とは異なり素材によって日本らしさを表現しているのだ。従来巨大な建築では木材を使うことはむずかしかったが、技術革新によって可能になったからである。「杜のスタジアム」と呼ばれる隈研吾の新国立競技場（図５）

図6　有明体操競技場（日建設計、2019年）

は、木と鉄骨を組みあわせたハイブリッド構造の屋根をもち、庇の木材は四十七都道府県から集めた。また線の細さを強調した日本的なインテリアも備える。「木の器」をうたう有明体操競技場（日建設計、二〇一九年――図6）は世界最大級の九〇メートルの木造アーチが屋根をつくり、外装にも木を多用する。ほかにも屋根が反った有明アリーナ（久米設計、二〇一九年）は天井に木のルーバーを使い、東京アクアティクスセンター（東京都財務局建築保全部ほか、二〇一九年）や海の森水上競技場（パシフィックコンサルタンツ、二〇一九年）も内装の木質化を試みた。なお筆者は、現時点でこれらの新しい施設の内観は実見できていない。そしてオリンピック２０２０の選手村は、大会後に一万二千人の街、HARUMI FLAGに生まれ変わる。二十三棟のマンションと商業施設一棟、小中学校、直径一〇〇メートルの中心広場から構成されるほか、すべての駐車場を地下化し、ＢＲＴ（バス高速輸送システム）や水素ステーションを設け、次世代を意識した街が湾岸の晴海に登場する。

また二〇一九年の東京では、日本橋室町三井タワー（シーザー・ペリ、日本設計――図7）や無印良品銀座／MUJI HOTEL GINZA（ＵＤＳ）のほか各地で大型の再開発が続いた。隈やＳＡＮＡＡが参加し、展望施設も注目される渋谷スクランブルスクエア東棟（図８・９）、手塚建築研究所が関与し、ルーフトップガーデンを備えた渋谷フクラス（新東急プラザ渋谷——図10）、藤本壮介による地下の飲食店街「カオスキッチン」が話題になった渋谷パルコ・ヒューリックビル（竹中工務店）、渋谷区役所の新庁舎（日本設計）や新しい渋谷公会堂（日本設計）などが登場し、とくに渋谷の変貌が著しい。駅周辺の再開発は内藤廣が全体のまちづくりの調整をおこない、今後もデザインアーキテクト制度を採用しながら高層ビルが誕生する予定だ。ホテルオークラ東京では、谷口吉生が父（谷口吉郎）の手がけた旧館（一九六二年）のロビーを踏襲した繊細なデザインと大倉集古館（伊東忠太、

図7（上）　日本橋室町三井タワー（シーザー・ペリ、日本設計、2019年）
図8（中）　左が渋谷スクランブルスクエア東棟（隈研吾、SANAAほか、2019年）、右が渋谷ストリーム（小嶋一浩ほか、2018年）
図9（下）　渋谷スクランブルスクエア東棟

図10　渋谷フクラス（手塚貴晴、手塚由比、日建設計、2019年）

一九一七年）を曳家するなど外構のデザインの両方を横断している。こうした都市スケールをふまえたデザイン感覚は丹下譲りだろう。

二〇二〇年のメイド・イン・トーキョー展

ふたつの東京オリンピックの時代を比較する「メイド・イン・トーキョー――建築と暮らし1964/2020」展（二〇一九―二〇年）がニューヨークのジャパン・ソサエティで開催された。アトリエ・ワン（塚本由晴＋貝島桃代）とディレクターの神谷幸枝によって企画されたものである。「メイド・イン・トーキョー」は東京の複合建築を調査した彼らのプロジェクトの名称としても有名だが、ここでは六つのカテゴリーを設け、十八の建築を厳選しながら東京の変化を検証した。

すなわち「競技場」（国立代々木競技場と新国立競技場）、「駅」（新旧の新宿駅）、「カプセル」（中銀カプセルタワービルとカプセルホテルのナインアワーズ）、「オフィス」（霞が関ビルとサテライトオフィスの神山プロジェクト）、「住宅」（塔の家、晴海高層アパートと木造アパートを改装したHAGISOなど）、「リテール（商業）」（有楽町そごうの変化、GINZA SIX、ソニービルとソニーパークなど）といったジャンルである。

アトリエ・ワンがデザインした会場では、壁で囲われた領域を入れ子状につくり、その内側に現在の東京、外側に半世紀前の東京を割り当て、ふたつの時代が対比的に紹介された。壁にはいくつかの開口部を設け、ふたつの時代を同時に観察できる場所があちこちに生じている。なお同展では、ハイレッド・センターや風間サチコなど現代美術家の作品も入れて都市に対する批評的な視点を組みこんだことも興味深い。「1964」のパートは前衛的なデザインの傑作が並ぶ一方で、「2020」のエリアはリノベーションや減築、複合施設、職住接近もしくはサテライトオフィスなどソフトや生活に関わるプロジェクトが多い。これは戦後の高度経済成長期とバブル経済が崩壊し、すでに都市が成熟した時代の違いを反映したものだろう。すでに半世紀以上におよぶ歴史の審判を受けた定番の名作を並べると、どうしても近年できたばかりの東京建築は重厚さや大胆さに欠ける印象を受けるが、こうした状況そのものが時代の変化を示しているのかもしれない。

もちろん二十一世紀の東京は、デベロッパー、ゼネコン、大手設計組織によって六本木や日比谷が再開発され、さまざまな新しい運動施設もつくられ、渋谷、品川、日本橋、虎ノ門では巨大なプロジェクトが進行しているが、この展覧会ではふれていない。アトリエ・ワンは、海外のメディアによる同展へのインタビューで以下のように語っている。われわれは東京オリンピック2020からは必要とされていない建築家なのだと。また逆に東京の外部でじつは建築家が仕事をしており、それがおもしろいという。一見華やかに思われる東京において個人の建築家が活躍する機会が減っていることも同展は示しているのかもしれない。

ところで筆者が、押井守がどのように現在の東京を考えているかについてインタビューした際、以下のように語っていた（「中央公論」二〇二〇年二月号）。

この二十年間、日本人が追い求めてきたのは、清潔さと便利さ、この二つだけでしたからね。利便性以外のものは一切追求してこなかった。今の日本人が「理想」とするのは、健康で長生きで清潔で便利、という実利の世界。象徴的な建築物や都市の景観というのは基本的には無駄なものですから、なじまないのです。そして無駄のない都市は、決して象徴性を持ちえない。

そして彼は東京スカイツリーを撮影したいとは思わない（想像のなかで破壊する欲望を喚起しない）し、いまの東京は映画にできないという。

変貌するニューヨーク

およそ三年半ぶりに訪問したニューヨークは新しい観光名所が登場していた。ハドソンヤードの再開発では、二〇一九年にオープンしたばかりのトーマス・ヘザーウィックによるヴェッセル（図11・12）とディラー・スコフィディオ＋レンフィロによるザ・シェッド（図13）が並ぶ風景は、まるで怪獣対決である。前者は隙間だらけの巨大な蜂の巣のような構築物であり、後者は移動する空気膜の覆いであり、どことなくモスラのような相貌だ。ヴェッセルの内部に入ると、階段と踊り場だけがえんえんと続く。少し登ってから中心部を見下ろすと、エッシャーの絵に出てくる無限階段も想起される。一応最上部まで到達するといくらか眺めはよくなるが、四五メートル程度なので展望台というほどのものでもない。端的にいえば、ただ登って降りるだけの構築物である。すなわち機能がない。あまりにバカバカしいのだが、たしかに魅力的な空間の体験だった。多くの観光客が集まるのもうなずけよう。しかし現在の日本でこうした大胆な構築物をつくることは可能だろうか？ なんの用途もないのだ。無機能なヴェッセルはすさまじい純粋動線体の建築になっている。

やはりディラー・スコフィディオ＋レンフィロの設計によって高架の線路を空中の遊歩道に改造したハイラインも北に伸長し、ハドソンヤードまで到達していた。ハイライン沿いにはフランク・ゲーリー、ジャン・ヌーヴェル、ニール・ディナーリの建築が並び、新しくザハ・ハディドのマン

図 11・12 ヴェッセル（トーマス・ヘザーウィック、2019 年）

ション（ウェスト二十八丁目五二〇番地——図14）が登場している。すなわちニューヨークは独創的な建築が次々にふえている。またディラー・スコフィディオ＋レンフィロは、二〇一九年末にリニューアル・オープンしたMoMA（ニューヨーク近代美術館）の増改築のデザインも担当したほかリンカーン・センターの拡張計画も手がけており、いまやニューヨークの顔をつくる建築家になった。

9・11の跡地における超高層ビルの開発やメモリアルはすでにほとんど整備されたが、ひときわめだつのは二〇一六年にオープンしたワールドトレードセンター駅のオキュラス（図15・16）だろ

図13（上）　ザ・シェッド（ディラー・スコフィディオ＋レンフロ、2019年）
図14（中）　ハイラインから見るウェスト28丁目520番地（ザハ・ハディド、2018年）
図15（下）　オキュラス（S・カラトラバ、2016年）

う。ビル群はそこまでアイコン的なデザインではないし、基本的にメモリアルの空間は地下に展開しているのに対し、サンティアゴ・カラトラバによる有機体のようなデザインは先端が尖った無数の骨状の構築物になっているからだ。これも怪獣になぞらえると針に覆われた甲羅をもつアンギラスである。また大屋根の下に広がる空間は商業施設だが、宗教的な崇高さすら獲得している。

二〇一〇年代のニューヨークはなぜこれほど魅力的になったのか。ひるがえって同時期の東京がつまらなくなった理由を考えさせられた。それはニューヨークがこの都市にしかできないプロジェクトを遂行しているのに対し、東京は東京にしかできないことに挑戦していないからではないか。なるほど日本の地方都市はまだ危機感ゆえか実験的な建築がつくられているが、東京は経済原理が優先し、思いきった冒険的なプロジェクトがない。同じ二〇一〇年代に話題になったのは、日本らしさを金科玉条とし、東京駅の復元や日本橋の上の首都高の地下化など過去を美化する後ろ向きの計画だった。そして日本の地方都市は、おきまりの店舗を並べる商業施設をつくることで「東京」のまねをしないほうがいいと思う。だが、いまの東京はまるで「東京」を模倣する地方都市の拡大版のような状態に陥っているのではないか。

図16　オキュラス内観

あとがき

この文章は、新型コロナウイルスが世界的なパンデミックを引き起こし、東京オリンピック２０２０の開催が危惧されている三月中旬、宮崎県にて執筆している（校正時、一年程度の延期が決定）。新しく令和の時代を迎え、最大級の国際的なイベントが東京を祝福しようというタイミングで、再開発が促進され、さまざまな建築が登場した。華やかにみえる二十一世紀の東京。そこに思わぬかたちで影を落としたのが、見えない伝染病である。が、仮にそれがなかったとしても、新しい東京の姿を手放しで褒めたたえてよかったのか。もしかすると東京の建築は黄昏を迎えているのではないか。

筆者は一九八五年に上京してから、二〇〇二年に名古屋で職を得て二拠点の生活を始めるまで、駒場、田端、そしてとくに愛着をもった吉祥寺などに暮らし、十七年間にわたって東京を中心に活動していた。建築を学んだのも東京である。『建築ＭＡＰ東京』で表象されたように現代建築の花園だった。ちなみに、一九八〇年代に世界の建築界をリードしていたのはアメリカである。が、もはやそうした地位を失った。実際、アメリカ人の建築家は一九九一年以降、プリツカー賞をとったのはわずかひとりである。逆に近年は日本人の建築家の受賞が続く。

筆者が東京を拠点とした時期は、バブル経済を背景としたポストモダン建築の全盛からユニット派の登場を経てリノベーションが重視されるようになったころである。その後、地方都市で教鞭をとるようになって日本地図の見え方が変容した。外からの視点で東京を見るようになったからだ。痛感したのは建築家の事務所、メディア、文化施設などさまざまなものがやはり東京に一極集中していること。だが、近年は東京に注目すべき建築が減っているのではないかという疑問を抱くようになった。東京は慢心しているのではないか、と。それは上海、ソウル、ロンドン、パリ、ニューヨークなど海外の都市を訪れるなかで確信になった。もちろん長く住んでいた人間として、本来、東京はポテンシャルがあり、もっとすぐれた建築がふえてほしいと思っている。しかし残念ながら、現状はそうではない。東京は冒険しなくなった。

むしろ、本文でもふれているように危機感をもった地方都市にこそ実験的な建築が登場している。たとえば宮崎県で見学したばかりの場所をあげよう。内藤廣による日向市駅と日向市庁舎、あるいは乾久美子による延岡駅周辺のプロジェクト。前者は多様な主体がまとまる仕掛けとして地元の杉材を選び、それをどう合理的に活用するかを探求しており、木さえ使えば日本的という稚拙な議論ではない。後者は昭和モダニズムの駅舎をリスペクトしつつ、それを現代的に増築したかのような複合施設をそっと横に置く。いずれも東京のまねをしていない。そして経済原理に縛られた東京と違い、空間に余裕がある。現在、こうした建築を紹介すべく筆者はウェブマガジン「WirelessWire News」で「反東京としての地方都市を歩く」という連載を執筆しているが、その内容は本書と対をなすものだ。では、東京はどうすればよいのか。最終章で述べたように、地方がまねする「東京」の焼きなおしを東京がやるのではなく、それでも資金力がある東京にしかできないことを追求すべきだと思う。

さて、本書はみすず書房の編集者、遠藤敏之さんの提案によって生まれた。『見えない震災』と『被災地を歩きながら考えたこと』に引き続き、お世話になった。ありがとうございます。その依頼はストレートで、オリンピックの開催にあわせて現在の東京論を書いてみないか、というものである。筆者にとって東京だけに絞った単著ははじめてだが、言いたいことはいろいろあるので引き受けることにした。さいわい遠藤さんからペースメーカーとなる連載の場（「みすず」二〇一八年七・十・十二月号、二〇一九年四・六・八・十・十二月号、および二〇二〇年四月号）をいただき、なんとか最後までこぎついたが、約一年半の連載中、新しい事態が起きることで当初予定していた内容とはだいぶ違う進行となった。ゆえに個人的にはライブ感のある文章ではないかと思う。ちなみに本書の各章は、連載と同じ順番で並んでいる。文中では、これまでに書いた東京に関する論考なども組みこんだ。それぞれに関わった編集者にも御礼を申しあげたい。

経済大国として輝いた時代は過ぎ去った。いまや近代の底が抜け、国家の体をなさない政治の状況が深刻化するにつれ、他国を侮辱し、日本を礼賛する言説が垂れ流されている。建築もこのままではダメになってしまう。本書はあえて東京に苦言を呈しているが、将来、二十一世紀初頭に現代建築のピークがあったと過去形で語られないように、東京はすぐれた建築家の才能をもっと使いたおすべきである。

二〇二〇年三月十七日、宮崎にて

五十嵐太郎

図版出典

『山口晃作品集』（東京大学出版会、2004 年） p.15

Chim↑Pom『都市は人なり Sukurappu ando Birudo 全記録』（LIXIL 出版、2017 年） p.18

五十嵐太郎監修『インポッシブル・アーキテクチャー』（平凡社、2019 年） p.28, p.87 上, p.152

『建築の東京』（都市美協会、1935 年） p.41, p.44, p.137-138, p.169, p.194

著者撮影 p.8, p.12, p.19, p.22, p.26-27, p.36-38, p.42, p.45-47, p.49-50, p.53, p.59-60, p.63, p.65, p.67, p.70-71, p.74-75, p.77-78, p.82, p.87 下, p.90, p.95, p.99, p.102, p.113-118, p.120-121, p.124-127, p.129-131, p.133-135, p.142-144, p.164-166, p.170, p.182-184, p.186-187, p.195, p.215-218, p.221-223

著者略歴

（いがらし・たろう）

1967年パリ生まれ．1992年，東京大学工学系大学院建築学専攻修士課程修了．博士（工学）．東北大学大学院工学研究科教授．建築史・建築批評．第11回ヴェネツィア・ビエンナーレ国際建築展（2008年）日本館展示コミッショナー，あいちトリエンナーレ2013芸術監督．「戦後日本住宅伝説」展（2014-15年），「インポッシブル・アーキテクチャー」展（2019-20年），「Windowology」展（2020-21年）監修，「3.11以後の建築」展（2014-15年）ゲストキュレータ，「窓」展（2019-20年）学術協力．著書『新宗教と巨大建築』（講談社現代新書2001/ちくま学芸文庫2007）『戦争と建築』（晶文社2003）『過防備都市』（中公新書ラクレ2004）『現代建築のパースペクティブ』（光文社新書2004）『美しい都市・醜い都市――現代景観論』（中公新書ラクレ2006）『現代建築に関する16章――空間，時間，そして世界』（講談社現代新書2006）『「結婚式教会」の誕生』（春秋社2007）『映画的建築／建築的映画』（春秋社2009）『現代日本建築家列伝――社会といかに関わってきたか』（河出ブックス2011）『被災地を歩きながら考えたこと』（みすず書房2011）『日本建築入門――近代と伝統』（ちくま新書2016）『ル・コルビュジエがめざしたもの――近代建築の理論と展開』（青土社2018）『モダニズム崩壊後の建築――1968年以降の転回と思想』（青土社2018），共著『ビルディングタイプの解剖学』（王国社2002）『建築と音楽』（NTT出版2008）『ぼくらが夢見た未来都市』（PHP新書2010），編著『見えない震災』（みすず書房2006）『ヤンキー文化論序説』（河出書房新社2009）『空想　皇居美術館』（朝日新聞出版2010）『3.11/After』（LIXIL出版2012）『レム・コールハースは何を変えたのか』（鹿島出版会2014）ほか．

五十嵐太郎

建築の東京

2020年 4月20日　第1刷発行

発行所　株式会社 みすず書房
〒113-0033 東京都文京区本郷2丁目20-7
電話 03-3814-0131(営業) 03-3815-9181(編集)
www.msz.co.jp

本文印刷所　精文堂印刷
扉・表紙・カバー印刷所　リヒトプランニング
製本所　松岳社

Printed in Japan
ISBN 987-4-622-08895-0
[けんちくのとうきょう]